现代信息管理研究丛书

长庆油田
QHSE监管信息化建设与应用

Construction and Application of QHSE Supervision Informatization
in Changqing Oilfield

王振嘉　张正文　单吉全　章瑞　何战友　李佩　著

WUHAN UNIVERSITY PRESS
武汉大学出版社

图书在版编目(CIP)数据

长庆油田 QHSE 监管信息化建设与应用/王振嘉等著.—武汉：武汉大学出版社,2024.1
现代信息管理研究丛书
ISBN 978-7-307-24295-1

Ⅰ.长… Ⅱ.王… Ⅲ.信息技术—应用—石油企业—监督管理—研究—西安 Ⅳ.F426.22-39

中国国家版本馆 CIP 数据核字(2024)第 023751 号

责任编辑:詹 蜜 责任校对:汪欣怡 版式设计:马 佳

出版发行：**武汉大学出版社** （430072 武昌 珞珈山）
（电子邮箱：cbs22@ whu.edu.cn 网址：www.wdp.com.cn）
印刷:武汉邮科印务有限公司
开本:720×1000 1/16 印张:14.25 字数:229 千字 插页:2
版次:2024 年 1 月第 1 版 2024 年 1 月第 1 次印刷
ISBN 978-7-307-24295-1 定价:56.00 元

序　言

进入 2022 年以来，新冠疫情蔓延制约全球经济发展，俄乌冲突加剧推动国际油价攀升。在纷繁复杂的国际能源地缘政治背景下，全球石油市场贸易流向和供需格局被深刻改变和重构。在国际石油市场重构过程中，油价震荡明显加剧，波动频次加快、幅度加大，石油供需基本面偏紧将长期持续。面对国际油价高位运行和剧烈波动，中国作为石油生产和消费大国，守住能源安全底线、增强国内供油保障能力，是我国能源战略中的重要一环，更是国家安全战略的重要保障。

国家能源安全问题要求我国油气行业提升安全生产能力，以确保国内油气生产对国家能源安全的保障能力。然而油气生产工艺繁琐，每一环节都与生产安全紧密相关，油气生产安全管理需求巨大。数据信息时代，大数据、物联网、人工智能、区块链等数智技术高速发展，为油气行业安全生产和可持续发展注入新动能，智能化安全管理成为油气安全生产的当下之选和应然趋势。在此背景下，中国石油作为我国最大的油气生产供应企业，其主动担当、积极作为，全方位部署推进油气生产的智能化安全管理进入快车道。

长庆油田是隶属于中国石油集团公司的地区性油田公司，是我国年产油气当量最大的油气田。截至 2021 年年底，长庆油田累计探明石油储量 59 亿吨、探明天然气储量 4 万亿立方米。连续 10 年新增石油探明储量超 3 亿吨，连续 14 年新增天然气探明储量超 2000 亿立方米。长庆油田屡创中国石油工业的历史纪录，堪称我国能源安全的"压舱石"。面对油气生产智能化安全管理的国家要求、油田需求、技术保障和集团安排，长庆油田在已有的 QHSE 管理体系和信息化系统应用的建设基础上积极响应，以期为国家油气生产智能化安全管理提出"长庆方案"。

长庆油田积极跟进数据信息时代的技术管理变革趋势，努力打破以往"各自为政、重复建设、信息孤立"的安全生产监管方式。长庆油田安全管理依托于QHSE监管信息化建设，预期打造集智能化风险识别、感知、跟踪、监控为一体的监管平台——安眼平台。安眼平台将集监控管理、监督管理、业务管理、专项管理和综合管理等五大监管模块于一身，以服务二级单位应用、业务部门监管和公司领导决策。长庆油田预期借助安眼平台实现"追求零伤害、零污染、零事故、零缺陷，在质量、健康、安全与环境管理方面达到国内同行业领先、国际一流水平"的QHSE管理体系战略目标。安眼平台建设既是长庆油田为应对国家要求、油田需求、集团安排，在现有技术支撑和建设基础之上践行而出的油气生产智能化安全管理实践；更是我国油气生产安全管理智能化水平提升的"长庆方案"。

目　　录

探　索　篇

构　建　篇

展　望　篇

探　索　篇

　　我们必须从国家发展和安全的战略高度，审时度势，借势而为，找到顺应能源大势之道。

——习近平

第一章 时代背景与战略意义

第一节 时代背景下能源安全新战略提出恰逢其时

一、能源安全新战略构建多能互补格局

（一）国际能源安全形势严峻对国内供给提出新要求

能源是经济社会发展的基础和动力，对国家繁荣发展、人民生活改善和社会长治久安至关重要。当前，面临百年变局，国际环境错综复杂，世界经济陷入低迷，全球产业链供应链面临重塑，不稳定性不确定性明显增加。新冠疫情影响广泛深远，逆全球化、单边主义、保护主义思潮涌动，俄乌冲突等地缘事件加大国际能源市场波动，全球能源治理体系深度调整。能源消费重心东倾、生产重心西移，亚太地区能源消费占全球比重提高到接近 30%，北美地区成为 2011 年以来唯一的原油产量正增长区域，[①] 能源供应格局多极化趋势进一步凸显，低碳化、分散化、扁平化推动能源供需模式重塑，能源体系面临全新变革。我国是世界第一大能源生产国和消费国，能源生产和消费分别约占世界的 1/5 和 1/4。确保能源安全可靠供应，是关系我国经济社会发展全局的重大战略问题。

我国的能源资源禀赋为"富煤、贫油、少气"，这也导致我国能源供应受国际能源市场影响大，尤其石油、天然气对外依存度较高。2021 年我国共进口原

---

① 数据来源于国家能源局. http：//www. nea. gov. cn/2022-05/18/c_1310597330. htm［EB/OL］.

油 5.13 亿吨，石油对外依存度为 72%。① 虽然我国近年大力发展新能源产业，但在短时间内，这个比例还是难以改变，当前形势下给能源安全、经济安全、国家安全带来隐忧。习近平总书记指出："能源的饭碗必须端在自己手里。"攥紧能源饭碗的核心是不断做强和放大能源软实力，提升能源价值自主创造能力。加快油气田勘探开发，是当前及今后一个时期油气企业的重要任务。

(二)国家安全生产相关政策契合时代能源供给需求

国家能源局出台《2022 年能源工作指导意见》，强调以保障能源安全稳定供应为首要任务，着力增强国内能源生产保障能力，切实把能源饭碗牢牢地端在自己手里。文件明确提出落实"十四五"规划及油气勘探开发实施方案，压实年度勘探开发投资、工作量，加快油气先进技术开发应用，坚决完成 2022 年原油产量重回 2 亿吨、天然气产量持续稳步上产既定目标。

此外，国家发改委、国家能源局发布的《"十四五"现代能源体系规划》中提出加强安全战略技术储备。强调做好煤制油气战略基地规划布局和管控，在统筹考虑环境承载能力等前提下，稳妥推进已列入规划项目的有序实施，建立产能和技术储备，研究推进内蒙古鄂尔多斯、陕西榆林、山西晋北、新疆准东、新疆哈密等煤制油气战略基地建设。维护能源基础设施安全，加强重要能源设施安全防护和保护，完善联防联控机制，重点确保核电站、水电站、枢纽变电站、重要换流站、重要输电通道、大型能源化工项目等设施安全，加强油气管道保护。该政策充分契合了在安全生产的基础上保障能源供应的时代要求。

国家发展改革委、国家能源局发布的《关于完善能源绿色低碳转型体制机制和政策措施的意见》对能源安全生产监测提出了要求：强调加强全国以及分级分类的能源生产、供应和消费信息系统建设，建立跨部门跨区域能源安全监测预警机制，各省(自治区、直辖市)要建立区域能源综合监测体系，电网、油气管网及重点能源供应企业要完善经营区域能源供应监测平台并及时向主管部门报送相关信息。该政策在及时、精准监测的基础上为保障能源供给和维护我国能源安全

---

① 数据来源于国家统计局官网. https：//data. stats. gov. cn/search. htm？ s＝％E5％8E％9F％E6％B2％B9[EB/OL].

做出了新的指引。

二、安全生产法规筑牢能源安全新屏障

（一）安全生产法律体系筑底线

安全生产法律法规体系是指我国现行安全生产法律规范形成的统一整体。依据《中华人民共和国宪法》规定，我国已建立了以《中华人民共和国安全生产法》（以下简称《安全生产法》）为核心和有关专项法律、司法解释、行政法规、地方性法规、部门规章、法定安全生产标准为支撑的法律法规体系。安全生产法律法规体系聚焦各生产经营单位的主体责任，在能源安全领域筑起坚固屏障。

1. 安全生产相关法律

2002 年 6 月颁布、2014 年 8 月修改的《安全生产法》是我国安全生产领域的基本法。针对不同能源领域，我国有专门法律，包括《中华人民共和国矿山安全法》《中华人民共和国石油天然气管道保护法》等。除此之外，我国还颁布了涵盖安全生产内容的相关法律，包括《中华人民共和国矿产资源法》《中华人民共和国突发事件应对法》等，为安全生产提供法律支撑。

2. 安全生产相关法规

国务院制定颁布了《安全生产许可证条例》《生产安全事故应急条例》《生产安全事故报告和调查处理条例》《危险化学品安全管理条例》等行政法规。

3. 安全生产相关规章

安全生产相关规章包括国务院有关部门颁布的部门规章和地方政府制定的地方政府规章。《中共中央国务院关于推进安全生产领域改革发展的意见》是历史上第一个以党中央、国务院名义印发的安全生产文件，筑牢了政府部门、企业集团和个人的红线意识。

（二）安全生产工作机制促强基

1. 双重预防机制强化能源生产企业风险意识

构建安全风险分级管控和隐患排查治理双重预防机制，是经实践证明行之有效的遏制重特大事故的关键举措，也是贯彻落实《中共中央国务院关于推进安全

生产领域改革发展的意见》提出建立双重预防机制的客观要求。《安全生产法》在2021年修正过程中，及时将安全风险分级管控和隐患排查治理双重预防机制写入法律，有助于进一步树立安全风险意识，实现关口前移、预防为主、源头治理。

双重预防机制被写入我国的《安全生产法》，彰显了我国政府对安全生产的高度重视，同时也加大了对企业违规违法生产的监督、监管、处罚力度，而且为各企业安全生产工作的开展提供了法律依据以及借鉴作用。对于能源生产企业，通过构建双重预防机制，能够强化企业的风险意识，消除侥幸心理，牢固树立"安全第一，预防为主"的安全生产理念。进而有效解决安全风险管控不到位、隐患未及时被发现和治理等问题，保障能源安全生产和储备。

2. 危险源安全管控机制强化能源安全管控责任

应急管理部在《关于实施危险化学品重大危险源源长责任制的通知》中规定：在涉及重大危险源的化工和危险化学品生产、经营(带有储存设施)企业全面实施"源长制"，由企业主要负责人担任本企业危险化学品重大危险源总源长，构建责任明晰、管理严格、措施有效、应急有力的重大危险源安全管控机制。能源生产与储运过程中存在多种危险源，重视重大危险源的安全管控机制也是在强化能源安全的管理责任，为保障我国能源安全构筑防线。

(三)安全生产责任保障提效率

责任制是企业保障安全生产最基本、最重要的制度，绝大多数生产安全事故背后存在着责任落不实问题。法律法规对推动建立以主要负责人为核心的安全生产"层层负责、人人有责、各负其责"工作体系做出了规定。

1. 明确主要负责人提升安全管理效率

国家安全监管总局《关于印发企业安全生产责任体系五落实五到位规定的通知》中规定必须落实"党政同责"要求，董事长、党组织书记、总经理对本企业安全生产工作共同承担领导责任；必须落实安全生产"一岗双责"，所有领导班子成员对分管范围内安全生产工作承担相应职责。该规定在能源企业同样适用，在权责明晰的情形下，安全生产的管理效率提升，对于维护能源生产安全稳定也有积极作用。

2. 安全生产责任提升安全评价效率

《安全生产法》第十九条规定："生产经营单位的安全生产责任制应当明确各岗位的责任人员、责任范围和考核标准等内容。生产经营单位应当建立相应的机制，加强对安全生产责任制落实情况的监督考核，保证安全生产责任制的落实。"对安全生产责任的考核落在日常、落在岗位，督促各责任人员落实安全生产责任，让安全生产成为能源安全的"压舱石"，提升了安全评价效率。

3. 应急管理责任提升安全监督效率

《生产安全事故应急条例》（中华人民共和国国务院令第 708 号）规定了县级以上人民政府负有安全生产监督管理职责的部门应当将其制定的生产安全事故应急救援预案报送本级人民政府备案；易燃易爆物品、危险化学品等危险物品的生产、经营、储存、运输单位，矿山、金属冶炼、城市轨道交通运营、建筑施工单位应当将其制定的生产安全事故应急救援预案按照国家有关规定报送县级以上人民政府负有安全生产监督管理职责的部门备案，并依法向社会公布。能源企业因其生产工艺特殊性会有多种危险物，在法律法规对应急管理监督责任规定的保障下，可以实现对危险的提前研判和预案，提升监督效率。

第二节　战略背景下集团公司彰显大央企责任担当

一、聚焦主责主业全力做好能源供应

（一）贯彻党中央决策部署坚持高效勘探

党的十八大以来，习近平总书记多次强调"石油战线始终是共和国改革发展的一面旗帜，要继续举好这面旗帜，在确保国家能源安全、保障经济社会发展上再立新功、再创佳绩"。作为我国最大的油气生产供应企业，中国石油抓住国际油价上行、中国经济持续稳定恢复、油气市场需求旺盛等有利时机，全力做好能源供应、产业升级、科技创新三篇文章，努力在保障国家能源安全、服务石油产业高质量发展中履行好央企责任使命。

集团公司大力推进高效勘探专项行动，稳油增气，资源基础进一步夯实，国内原油连续 10 年实现 1 亿吨以上效益稳产，天然气产量达 1378 亿立方米，国家能源安全压舱石作用进一步凸显。[①] 截至 2021 年，国内年产油、气当量和海外油气权益产量当量"三个一亿吨"历史格局不断巩固，新增油气储量规模创历史新高，国内新增探明石油地质储量连续 16 年超 6 亿吨，新增探明天然气地质储量连续 15 年超 4000 亿立方米。数字的背后，是中国石油作为国家石油柱石在能源转型时期的价值坚守，也是以中国石油为代表的央企展现出持续增强和发力的国家软实力。

高效勘探顺利推进，离不开"监管信息化"这个"助推器"。近年来，作为中国重大战略的组成部分，工业企业数字化转型、智能化发展得到了国家层面的政策性支持。国务院于 2016 年印发的《关于推进安全生产领域改革发展的意见》提出了"提升现代信息技术与安全生产融合度，统一标准规范，加快安全生产信息化建设，构建安全生产与职业健康信息化全国'一张网'"等任务要求。中国石油在发展规划中明确提出：应融合信息技术理念，明确信息化建设的总体纲领，做到集中投入、建设以及规划发展，根据管控需要，对具体业务提出实时预警，使整个企业体系运行处于可控状态，统筹 QHSE 管理智能化规划和顶层设计，全面布局数字化转型与智能化发展，为高效勘探的主责主业提供支持。

(二)秉持效益开发积极布局新能源业务

面对全球气候变化的严峻挑战，"碳达峰、碳中和"重大战略目标的提出，把我国的绿色发展之路提升到新的高度，成为我国未来数十年内经济社会发展的主基调之一。新时代的能源安全内涵已经发生深刻变化，对能源保供也提出了更高要求。中国石油响应国家号召，积极布局新能源和生物能源业务发展规划，确定了加强非常规化石能源和可再生能源工作，重点发展与主营业务相近的煤层气、页岩气、燃料乙醇和油砂等新能源。

开发新能源既是推进低碳经济的重要途径，也是完善综合性国际能源公司业务结构不可或缺的内容。端稳能源饭碗，不仅要坚持稳量增产，也要多打"新能

---

① 数据来源：http：//www.xinhuanet.com/energy/20220701/f0c7641f55c7415387a563ad97 e7dab4/c.html［EB/OL］.

源粮食"。抢抓机遇新能源业务机遇，既是保障国家能源安全的需要，又是开发我国油气资源禀赋的必然选择。2021 年，中国石油将绿色低碳纳入公司发展战略，优化调整业务板块，明确新能源业务按照"清洁替代、战略接替、绿色转型"三步走的总体部署，计划到 2025 年新能源产能比重达到 7%；2035 年实现新能源新业务与油气业务"三分天下"，基本实现热电氢对油气业务的战略接替；2050 年热电氢能源占比达到"半壁江山"，实现绿色低碳转型发展。

监管信息化是新能源业务布局的"定盘星"。在能源转型战略背景下，新能源业务布局需要科学管理和有效管控，中国石油在 QHSE 监管系统支撑下，提高了管理效率和管控水平，实现了从单轨驱动到全员参与、从各管一路到统筹互动、从事后纠错到实时监控的巨大转变。在信息化下，各项管理流程实现系统化运作，管理人员通过定制管理要素、管理单元及管理流程，将各个管理任务、管理职责贯穿成为一个有机整体，使各业务线、各岗位人员均能够按程序规范运作，使体系运行协调、统一。继续推进 QHSE 监管信息化建设，是聚焦新能源业务这个主责主业的现实要求。

二、突出技术先导打造行业创新标杆

(一)聚焦关键技术攻克业务难题

随着常年来的高效开发，油气资源劣质化加剧，集团公司下属油气田勘探对象更加复杂，开发对象呈现"非、深、难"等一系列新特点，地质理论和关键技术的缺失成为企业高质量发展的制约。面对艰巨的现实任务，习近平总书记指示："这是一场必须要打好打赢的攻坚战，需要科学的决策指挥，需要上下一心，全力推进。"中国石油坚决贯彻落实习近平总书记重要指示批示精神，从顶层设计、规划计划、任务分解等各个方面做出部署，持续推动改革创新，多措并举、主动作为，最大限度挖掘油气藏潜力，保障油气资源的规模有效动用。

秉承着习近平总书记对央企"勇当原创技术的策源地"的殷切期望，集团公司建成国家级研发平台 21 家，形成了一支以 24 名两院院士、300 多名领军人才、3000 多名基层科技专家、3 万多名科研人员为主体的科技人才队伍。围绕项目地质需求及技术难点问题，全力打造特色技术体系。油气勘探开发关键设备基本实现国产化，使勘探开发进入纳米级页岩系统、万米级深层的"油气禁区"。在塔里木盆地，研发制造了我国最先进的 9000 米级钻机；在西北黄土高原，研发了致密砂岩油气藏开发技术，在"纳米级"层级上取得突破，实现了规模投产。①

多年来集团公司实现的稳油增气，离不开深入推进的技术助攻。高质量发展要求下，提质增效势在必行。作为中国石油原油产量的"压舱石"，集团公司深耕信息化技术研发，创新管理模式，统筹企业储量、产量、资本、技术、人力资源，实现"老树"发"新芽"，对突破阻碍生产力发展的制约因素至关重要。立足科技自立自强，以信息化技术先导提升公司实力，打造能源企业数字化转型标杆，是中国石油作为央企的责任担当，更是履行保障国家能源安全重大使命的保证。

(二)布局安全管理智能化前沿

以数字化、智能化和纳米技术为主要特征的第五次油气生产技术革命正在来临。新型信息化技术在油气生产领域大规模快速扩散应用，将大幅提升油气开采效率、降低开采成本。根据中国石油集团经济技术研究院的预测，到 2020 年，数字化和智能化技术开始在全球油气生产领域规模化商业应用；2025 年前后，在全球油气生产领域大规模推广；2030 年后，将得到全面应用。数字化和智能化技术在油气生产领域的应用可以提高油气采收率 20% 以上，而成本可以下降 20% 以上。② 目前我国油气行业的信息化处于较高级阶段，引领新型智能化、数字化发展方向的能力将成为企业未来的核心竞争力之一。

以习近平总书记关于网络强国战略和发展数字经济的重要论述为指导思想，结合企业数字化转型背景，集团公司准确把握数字经济发展趋势和规律，深入落实集团公司科技与信息化创新大会精神和党组《关于数字化转型、智能化发展的指导意见》，坚持"价值导向、战略引领、创新驱动、平台支撑"总体原则，启动数字化转型、智能化发展试点，核心技术攻关取得了具有里程碑意义的重要成

---

① 数据来源：http：//www.qstheory.cn/dukan/qs/2022-10/17/c _ 1129068032.htm［EB/OL］.

② 数据来源：https：//zhuanlan.zhihu.com/p/115543365［EB/OL］.

果，各业务领域信息系统应用持续深入，信息基础设施和网络安全保障能力不断加强，"数字中国石油"建设取得一系列重要成果，实现"十四五"良好开局。

QHSE 监管信息化是对安全管理向数字化、智能化转型的良好实践，不是简单的技术迭代，而是技术进步支撑下的管理模式革命。以 QHSE 监管平台为架构，实现信息数字化、生产过程虚拟化、管理控制一体化与决策处理集成化，推动安全管理向以安全隐患辨识评判提前感知迈进，助力中国石油成为业内安全管理标杆。

第三节 技术背景下信息化管理助力企业精细监管

一、数字化转型满足精益生产管理需求

(一)数字化助推生产组织方式的转变

数字经济已经成为全球最重要的经济形态，工业技术与信息技术的深度融合创新生产组织方式和运行方式，引发产业变革和传统产业转型升级。顺应发展需要，通过数字化技术与生产相结合，助推了油田企业劳动组织架构的转变、生产组织方式的转变，提升了传统产业链管理水平，促进了信息化与工业化的融合。业务模式重构驱动管理模式变革，生产组织的持续创新为充分激活组织、赋能员工提供了源源动力。

一方面生产组织完备化，在规模化制度和流程的基础上，形成了一支规模较大的信息化建设和应用维护队伍，信息技术及管理人员合计达 1.6 万人。[①] 另一方面，生产组织架构扁平化，结合产能建设和老油田数字化改造，实施地面系统的工艺优化简化，打破传统的三级布站模式，油气集输系统取消了计量站。通过生产管理系统、生产运行指挥系统和安全环保风险感知系统的运用，变革信息采集、传递、控制和反馈方式，达到了行政管理与业务管理相适应的一体化管理模式。数字化建设为实现扁平化管理提供支撑，而新型劳动组织架构的建立大大提

---

① 数据来源：https：//www.shushangyun.com/article-4219.html［EB/OL］.

升了生产管理水平和效率，又为持续企业数字化转型打下基础。

（二）数字化助推生产发展方式的转变

对于油田企业的数字化转型而言，将提质增效融入生产经营全过程，持续推进市场化运作是其应有之义。对于其发展方式的转变主要体现在，将数字技术融入油气产业链的产品、服务和流程中，推动公司发展理念、工作模式、运营管理、科技研发、管理体制机制等方面的变革，打造智能化生产、网络化协同、个性化服务等新能力，开创基于用户、数据、创新驱动的新商业模式、新生产方式和新产业生态。在发展理念变革方面，重构价值体系，调整生产关系，从产能拉动型发展模式转变为创新驱动型发展模式，着力以新要素、新动力、新能力，形成符合"数字中国石油"特色的新产业、新业态、新模式。

集团公司按照业务发展、管理变革、技术赋能三大主线实施数字化转型，通过工业互联网技术体系建设和云平台为核心的应用生态系统建设，打造了"一个整体、两个层次"数字化转型战略架构。建成了覆盖经营管理层、生产执行层和操作控制层的信息化体系，初步实现了"数字化工厂、信息化企业"建设目标。在油品销售环节，利用大数据、人工智能等技术实现零售营销、商品分析、客户精准营销、异常交易监控等应用，探索数字生态体系下生产发展方式的转变，有利于创新产业链合作模式，推进产业链网络化协同化生产，提高产业资源共享、协同和整合能力。

二、信息化技术赋能安全生产监管需求

（一）全方位可视化监控夯实风险防控基础

随着信息化技术在生产领域的深入应用，基于 IP 网络视频监控管理平台技术逐渐成为生产过程风险防控的重要一环。尤其像石油这样的高危行业，对于整个生产过程全面监控，并基于生产过程中产生的海量数据的智能分析，不仅可以探索生产过程的规律，更能运用自动化仪表、计算机过程控制和网络通信技术，对设备运行参数和内部机电设备运行状况进行自动化检测、监视、优化控制及管理，为设备运行提供良好环境，保障正常生产，提高工作人员效率，减少维护费

用和设备故障造成的损失，实现科学化和自动化管理。

随着企业油田数字化建设，针对不同作业区域的地形特点，建成各类场站闯入视频监控报警、电子路口车牌识别等视频监控，实现了井场闯入智能报警、无人值守和远程监控。通过公司生产指挥中心和办公桌面对生产及作业全过程实时可视化监管，达到让作业可知、让现场可视的效果。不仅能够通过动力环境数据叠加、视频录像、业务对讲及报警联动等功能，达到安防与业务系统的统一管理和资源共享。同时结合 GIS 地图、电子地图对发生报警的区域实施准确的定位，让操作人员、管理人员能实时准确地掌握前方生产情况，达到协调指挥的目的，为石油石化集输站场安全生产提供可靠的保障机制。

(二) 智能化数据整合提升安全风险防控实效

数字化转型、智能化发展是油田推动治理体系和治理能力现代化、率先实现高质量发展的重要途径。有序管理的数据不仅能为油田提供科学决策，而且可直接创造财富。对于生产过程中的安全防控体系而言，各类安防系统的研发与投用加快了数据建设步伐，现有数据资源总量不断扩大，通过云计算、物联网、人工智能等技术，实现智能化数据整合，是实现多系统联动协同指挥，提高石油石化行业的安全防范能力的必要途径。

信息监管一体化实现的监测预警、智能分析、信息共享、系统协作等功能，不仅能够克服传统安全风险防控系统对各业务类型的感知、控制、监控、监测分别配置，对于数据采集、传输、存储等功能也无明确界限的局限性，而且持续完善新技术应用风险防控的实用性，真正做到将技术深度融入业务。以推动主营业务高质量发展为目标，基于数字技术平台整合数据，利用多系统整合管理、资源共享、统一指挥的应急救援策略，提供可靠、持续、值得信赖的数字化服务，将传统安全风险防控中"事后调查取证"转变为"事前报警联动预案"，借助智能化的信息分析、预测，以便提前发现异常情况，多系统联动协同指挥作战，提高石油石化行业的应急处置能力。

第二章 建设基础与技术保障

第一节 安全监管信息化建设基础

面对百年变局，长庆油田坚持稳中求进，大力实施创新、资源、市场和绿色低碳战略，统筹推进业务发展、改革创新、提质增效、安全环保等工作，经营业绩创造了新的里程碑，实现了"十四五"良好开局。长庆油田积极响应集团公司号召，实施创新驱动发展战略以保障国家能源安全。长庆油田在安全监管信息化建设方面取得一定建设基础。

一、信息化建设助力油田公司安全防控

(一)安全管理难度大驱动油田公司信息化建设

长庆油田是我国年产油气当量最大的油气田，也是国内第一大产气区。西气东输、陕京线等10条主干线在长庆交会，长庆油田是我国天然气的中心枢纽，承担着向京津冀、周边省区等40多个大中城市供气任务。长庆油田总部位于陕西省西安市，其工作区域横跨陕甘宁蒙四省(区)。长庆油田的主体矿区在鄂尔多斯盆地(又称陕甘宁盆地)，历年来，长庆油田在此成功开发出35个油田，13个气田[①]。主要的油田有安塞油田、靖安油田、西峰油田、华庆油田、姬塬油田等；主要的气田包括苏里格气田、榆林气田、靖边气田等。

鄂尔多斯盆地是中国第二大沉积盆地，横跨陕(陕西省)、甘(甘肃省)、宁

---

① 数据来源：http://gs.news.cn/news/2021-12/17/c_1128173871.htm[EB/OL].

(宁夏回族自治区)、蒙(内蒙古自治区)、晋(山西省)五省区的 15 个地市 61 个县(旗)①。鄂尔多斯盆地勘探总面积高约 37 万平方千米,是我国第二大含油气盆地,油气资源量分别排名全国第二名、第三名。在此基础上,长庆油田主营业务以鄂尔多斯盆地及外围盆地为中心,进行石油、天然气及共生、伴生资源和非油气资源的勘查、勘探开发和生产、油气集输和储运、油气产品销售等。简言之,长庆油田主要在鄂尔多斯盆地开展油气勘探开发及新能源探勘开发等业务。长庆油田面临的安全管理难题主要源于以下两个维度:

一是鄂尔多斯盆地油气藏地质条件复杂,为油气安全生产以及油田安全管理带来巨大挑战。鄂尔多斯盆地具有典型的低渗、低压、低产、低丰度的特征,勘探开发难度极大;鄂尔多斯盆地场所点多线长面广,盆地北起阴山,南抵秦岭,西至贺兰山、六盘山,东达吕梁山,油气水井有 8.7 万余口,场站 2400 余座,分布区域广阔且高度分散;生产环境北部是荒原大漠,南部是黄土高原,生态脆弱、环境敏感,有极大的安全环保风险。综上可见,长庆油田生产环境艰苦、生产风险高、环保难度大,长庆油田在此基础上开展油气生产安全管理障碍重重。

二是鄂尔多斯盆地矿产资源丰富,矿产资源的丰富性和多样性也客观阻碍了油气安全生产和油田安全管理。鄂尔多斯盆地资源分布广、能源矿种齐全、资源潜力大。鄂尔多斯盆地不仅天然气、煤层气、煤炭、石油等资源探明储量居全国前列,而且水资源、地热、岩盐、水泥灰岩、天然碱、铝土矿、油页岩、褐铁矿等其他矿产资源也含量丰富。长庆油田一方面要聚焦油气生产主业,丰富多样的矿产资源为油气生产增加勘探难度;另一方面,矿产资源的多样性增加了长庆油田的业务类型,长庆油田在新能源方面的探勘开发给油田公司安全管理提出更大挑战。综上可见,长庆油田丰富多样的矿产资源也为油气公司安全管理造成困难。

长庆油田生产区域环境复杂,矿区资源丰富多样,这为油田公司的安全管理带来了严峻挑战。安全管理难度决定了长庆油田亟须引入数字化、智能化建设来提升安全开采能力和安全管理效能。而现实中,长庆油田始终坚持创新驱动发

---

① 数据来源:https://baike.baidu.com/item/%E9%95%BF%E5%BA%86%E6%B2%B9%E7%94%B0/625474[EB/OL].

展，研发出独具特色的低渗透、超低渗透、致密油气勘探开发系列技术，助推"三低"油气开发取得重大突破。勘探开发技术更新有助于油气安全生产，但是对于安全管理而言，油田公司仍需在数字化、智能化建设领域不断深耕。只有充分重视数智基础建设，油田公司才能更好地利用其解决安全管理难题。

（二）安全风险系数高驱动油田公司信息化建设

油气生产工艺大致要经过探勘、开采、输送和加工等四个环节，每一环节都与生产安全紧密相关。原油属于液态矿藏，基于原油自然属性以及油气生产工艺所展现的不稳定特征主要表现为①：第一，流动性。油气在油层中呈流体状态存在。但在油田投入开发后，油气运移、聚集转变等人为干预将会改变油气运移的方向和流动速度。这将导致地下流体状况复杂化，从而造成事故突发概率的增高。第二，变化性。在注水驱油的过程中，油气处于长期的高温、高压状态下，高温高压引发一系列的物理化学变化。这些变化包括但不限于：（1）原油、天然气、地层水等发生质变；（2）岩石矿物表面性质发生质变；（3）储集层渗透率变化；（4）孔道堵塞或疏通与孔隙结构变化；（5）油层压力变化；（6）裂缝张开闭合情况变化；（7）油层温度变化等。这些变化极大增加了油气的开采难度，也提高了油气生产安全风险。第三，易爆性。油气企业在生产过程中涉及众多易燃易爆物质、有毒有害物质。这意味着如果技术不过关、风控意识不到位，在油气生产过程中发生火灾、爆炸以及群死群伤的事故概率极高。石油生产过程中使用的原料、中间品以及辅助材料等物品均具有易燃、易爆、有毒和强腐蚀性等特征，安全事故一旦发生，群体中毒或爆炸事件必不可少。同时，油气开采环境一般高温高压，会加剧爆炸威力，安全事故的后果不堪设想。

同时，油气生产化工设备密集、生产装置联系紧密以及资本密集等特点也是生产的风险诱因。第一，关于化工设备密集：在化工设备密集的情况下，设备设计缺陷、材料缺陷、加工缺陷或易腐蚀特性等情况都更易诱发安全事故的发生。化工设备内部反应条件剧烈，强腐蚀、震荡与压力等均会影响设备的使用寿命。

---

① 何沙，卜芯，姬荣斌．试析中国国际石油合作应急管理委员会的构建依据［J］．科技管理研究，2014，34（2）：237-241.

第二，关于生产装置联系紧密：随着我国石油工业的发展，石油企业使用的设备、装置也迅速大型化，单间装置加工处理能力也在不断增强。大型化设备导致设备内部储存能力上升，安全风险增加。并且由于物料互供关系密切，某一装置一旦发生事故往往就会影响全局。第三，油气行业属资本密集型行业，所使用生产装置的制造、安装成本巨大，又因为其生产装置联系密切，一损俱损。故一旦安全事故发生，则会产生巨额财产损失。

油气生产工艺繁杂，设备密集，安全事故发生概率极高。同时安全事故一旦发生，则必然伴随着高危害、高污染、高损失等特征，对人员生命安全、公司财产设备、矿区环境保护造成不可逆转的损失。故对油气生产进行及时、迅速、正确的风险防控是必要的。加强油田公司内部数字化、智能化建设能够有效规避由石油生产工艺和设备特性带来的安全风险。利用数智化建设优化长庆油田的安全风险防控体系，不仅能保障生产职工的生命安全、油田公司的财产安全，更是对矿区周边的居民人身、财产安全以及生态环境的保护。

二、数字化信息共享平台破除信息孤岛

(一)数字化信息共享平台应对报表类型庞杂

油气生产是技术密集型行业，各生产工艺之间技术壁垒高，油气行业报表填报工作必不可少。石油企业的统计工作不仅关乎石油企业的生存与发展，与国家经济命脉也息息相关。通过填送各种类型报表，不仅可以方便管理层做出生产决策，助力安全生产部门监控生产风险，还能实现油气生产工艺上下游之间信息互通有无。结合石油企业的经营生产机制，只有提高智能化程度，转变"报表型"的工作状态，才能解锁高质量发展瓶颈问题。

结合企业实际情况，长庆油田各业务部门的日常数据和报表管理，涉及但不限于以下子系统：原油产量和天然气产量的数据报表，业绩指标、年度计划、储量、矿权、产销量、投资、成本、实物工作量、效益指标、技术指标、勘探数据、生产数据等数据管理报表，支持从预探、评价、产能和地面建设、生产运行等主要生产过程的专业数据报表等。但对于一线生产实践，各个类型的报表带来的不仅是人员岗位的冗余，更是生产工作效率的降低。生产动态数据是生产管理

的基础数据，对全年生产任务完成进度、掌握油井工作制度优化都十分重要。生产过程中每天都要产生大量的动态数据，从人力层面来说，不同系统对数据的格式、口径、收集要求不一致，数据重复收集多次，针对不同平台文本数据信息手工录入量大，员工录入需要投入时间多，工作效率难以提升。从平台层面，所有信息数据如果仅仅依靠手动录入电脑，操作过程极易产生误差，异常值、传输不稳定值均需人工修改，增加了平台日常维修和运维的人工成本。从平台和人力的层面来讲，均无法保证增量稳产的发展目标。此外，多种规划矛盾带来的平台的数据调用冲突，也在一定程度上催生了"多规融合"信息平台的建设需求。

纵观企业管理实践，现在有很多商业报表工具能在一定程度上解决传统报表填送弊端，例如 Crystal Report、FormulaOne、Quick Report 等。但对于油气企业来讲，传统报表解决方案配置繁琐不够灵活，也依然难以适应油气生产报表的多样性和变化性。人工录入生产报表难度大，耗时耗力的同时，更是不利于报表信息质量的提升。长此以往，会因逐步形成信息孤岛，制约油气企业的长远发展。为更好发挥这些数据信息对生产的促进作用，引入信息化建设是必要的。长庆油田整合各二级单位信息化建设，势在必行。只有深化数据"聚、通、用"，进一步扩展和完善大数据平台，加大数据汇聚，强化数据归集过程性监控，才能加快推动数据赋能。充分发挥大数据在企业生产和数字化转型过程中的基础支撑和创新驱动作用，不仅是推进新型智慧企业建设的主要途径，更是推动数字长庆建设不断取得新突破、新成效的必经之路。

(二)数字化信息共享平台破除技术壁垒显著

对于油田企业来说，除了数据割接之外，技术门槛带来的数据整合问题是数据孤岛的又一主要成因。基于油气生产实践中生产工艺复杂、生产设备密集对专业性要求较高的现实情况，各生产环节之间存在显著的技术门槛。相比行业间、公司间的数据流通，企业部门之间、业务链条之间的壁垒是一块沉睡数据的"集聚地"。面对以创新驱动打开新的效益增长点，长庆油田提升企业管理决策效率，对各生产环节的数据信息进行统合是必然趋势。站在 6000 万吨新起点，谋划"十四五"发展新图景，要实现飞跃式发展，长庆油田必须得结合企业实际，分析现有平台管理机制的问题与障碍，保持久久为功的韧劲奋斗不息的拼劲和巧劲提升数据管理水平，才能实现不断超越。

回溯建设"西部大庆"的融合发展之路上的管理实践，由于技术门槛带来的企业数据壁垒，使得各业务链条形成数据孤岛的问题主要来源于两个维度：一是现有生产环节的监测平台专业性要求过高，造成彼此间的接口不兼容，降低了跨平台和跨部门数据的使用效率。油气生产工艺环节众多，各生产环节的监管虽存在一定共性，但彼此间仍存在显著差异。各平台由不同业务部门结合相关技术标准定义数据，独立存储，独立维护使得相同数据被赋予不同含义，数据在油田生产中需要重复收集。数据无法重复利用，故用于监测各生产环节的信息平台彼此间难以兼容，对油田十四五期间"提升采收率"和"降递减工程"两大战役产生一定的制约和阻碍。二是复合性专业背景人才稀缺，难以满足各个平台数据统合需求。目前进行数据统合的业务人员通常为油气生产企业的综合管理人员，对于现有人员来说，熟练掌握各类业务链条的平台数据收集口径、维度，难度较大。而因为办公地点、人员编制等客观条件的现实，跨部门之间的沟通协同成本较高，沟通协作效果难以保证，从而导致公司整个工作效率受到影响。究其根本，以上两个维度的信息统合障碍均可归因于油气生产的技术门槛。

生产数据统合障碍会加速信息孤岛形成，从而影响油气行业的可持续发展。结合长庆油田数字化转型背景，数据资源已经成为企业提升生产油气当量的关键要素，数据资源的调动能力更是企业软实力和竞争力的重要标志。提升一线生产数据整合既是加快企业管理建设的应有之义，也是激发数据要素价值，提升数据要素赋能作用，推动长庆油田实现"2025年油气生产当量达到6800万吨"目标实现的关键。解决技术壁垒带来的信息孤岛问题，需从源头入手。鉴于行业特殊性，油气生产企业无法从生产技艺上降低技术门槛，却可通过建设数字化信息共享平台，实现各生产环节数据信息的互通有无。通过整合现有各生产环节监测平台，建立数字化信息共享平台不仅能够解放数据统合人员双手，更能进一步释放企业数据价值，破除管理体制机制障碍。以可视化形式集中展现生产实践中的各种数据信息，实现对具体情况的直观感知，是解决企业信息统一管理难题的有效解决方案。

三、行业间竞合激发原生创新发展动能

（一）西南油气田数字化转型平台建设

西南油气田公司隶属中国石油天然气集团有限公司，由原四川石油管理局（1958 年成立）在 1999 年重组改制成立，是我国西南地区最大的天然气生产和供应企业。截至 2021 年年底，西南油气田共有石油、天然气矿权区块 147 个，总面积 12.78 万平方千米，是中国第二大天然气田。① 西南油气田所属二级单位 44 个，合同化员工约 3 万人，资产总额超千亿元，年经营收入超 600 亿元，主要负责四川盆地的油气勘探开发、天然气输配、储气库以及川渝地区的天然气销售和终端业务。②

1. QHSE 管理体系建设历程

西南油气田公司 QHSE 管理体系的建设与实施，历经准备阶段、评审阶段、策划阶段和实施阶段。在准备阶段，西南油气田选择合适的咨询机构；并根据生产组织特点，西南油气田从上至下建立 QHSE 管理体系，实行一体化建设；成立质量健康安全环境管理委员会、任命管理者代表、成立 QHSE 管理体系办公室；确定 QHSE 管理体系工作机制；进行领导干部培训、骨干专业培训以及员工普及培训。在评审阶段，西南油气田公司开展了包括现状调查、过程识别与控制、环境因素识别与评价、危害因素识别与评价等几个步骤。在策划阶段，西南油气田公司主要开展了包括体系设计、职能分配和体系文件化三方面工作。在实施阶段，西南油气田主要做了 QHSE 管理体系的运行前准备、试运行，以及 QHSE 管理体系的正式运行和持续改进等工作。在西南油气田引入 QHSE 管理体系早期，西南油气田将信息化建设作为 QHSE 管理体系的配套措施推进开展。西南油气田认为，充分利用信息化资源能提高 QHSE 管理体系的运行效率。为了实现 QHSE 管理体系与信息技术的有机结合，西南油气田信息化建设遵循统一性、整体性原

---

① 数据来源：http：// xnyqt. cnpc. com. cn/xnyqt/xnyqktysc/mogu _ DymPublicModel. shtml［EB/OL］.

② 数据来源：http：// xnyqt. cnpc. com. cn/xnyqt/xnyqgsgk/mogu _ DymPublicModel. shtml［EB/OL］.

则，可扩充性原则、实用性和经济性原则以及开放性原则。[①]

2. 数字化转型平台建设

随着信息技术的发展，数字化转型给各行各业带来巨大变革，如今，西南油气田以物联网等技术为支撑，构建"全面感知、自动操控、智能预测、持续优化"特征的油气智能生态应用。智能油气田内在涵盖了对西南油气田 QHSE 管理体系的信息化升级，从西南油气田数字化转型平台建设中，不难发现该数字化转型平台也聚焦于对油气安全生产的监管问题。西南油气田数字化转型平台建设如图 2-1 所示，从中我们亦可以得到有关长庆油田 QHSE 监管信息化的建设启示。

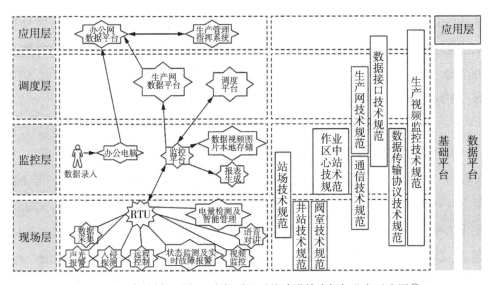

图 2-1　西南油气田油气生产物联网系统建设技术框架业务示意图[②]

该数字化转型平台分为现场层、监控层、调度层以及应用层等四个平台等级，其中，由现场层 RTU 实现数据采集、声光报警、入侵探测、远程控制、状态监测和实时故障报警、视频监控、语音对讲以及电量检测和智能管理等工作。

————————

①　戴忠. 西南油气田分公司 QHSE 管理体系构建与实施对策研究[D]. 成都：西南财经大学，2004.

②　图示来源：李晨，肖逸军，杨云杰. 油气田生产数字化转型理论与实践[J]. 化工管理，2022(20)：57-60.

RTU 与监控层的监控平台对接，由信息化手段促成报表生成和数据视频图片本地存储；同时，监控层也可由人工通过办公电脑手动输入数据。在调度层，生产网数据平台作为中介，链接监控平台和办公网数据平台；而调度平台则与监控平台对接，对监控数据进行调度。在应用层，生产管理指挥系统利用通过调度的监控数据进行生产管理与指挥工作。

（二）青海油田监理信息化建设

青海油田，全称为中国石油青海油田公司，位于柴达木盆地西北缘，是隶属于中国石油天然气股份有限公司的地区公司，主要勘探领域在柴达木盆地。青海油田被昆仑山、祁连山、阿尔金山所环抱。面积 25 万平方千米，沉积面积 12 万平方千米。盆地内矿藏资源丰富，其中石油、天然气资源勘探潜力巨大，开发利用前景十分广阔。柴达木盆地的油气资源量为 46.5 亿吨当量，其中石油资源量为 21.5 亿吨，天然气资源量 25000 亿立方米，是全国陆上油气勘探的重要地区。[①]

1. QHSE 管理体系建设历程

青海油田 QHSE 管理体系遵循"以顾客（相关方）为关注焦点""领导作用""全员参与""过程方法""管理的系统方法""持续改进""基于事实的决策方法""与相关方互利的关系"的管理原则。[②] 青海油田 QHSE 管理体系建立历史久远，QHSE文化浓厚。经过多年的实践和改进提升，青海油田及所属各二级单位在吸收先进理念、借鉴先进经验的基础上，已将质量、健康、安全、环境、能源、计量、标准化管理体系全面融合，以点穿线、以线推面，建立了 QHSE 一体化管理体系。目前，青海油田 QHSE 管理体系的建立和运行工作由质量安全环保处负责，所属各二级单位均由本单位安全部门负责。[③]

在信息化建设中，青海油田首先打通了通往互联网络的"高速干线"，实现

---

① 数据来源：https：//baike. baidu. com/item/% E9% 9D% 92% E6% B5% B7% E6% B2%B9%E7%94%B0/625524[EB/OL].

② 陈奎，赵雪坤，王玉孝，谭巍，昝英. 浅析 QHSE 管理体系与"三标管理"的关系[J].内蒙古石油化工，2006(7)：59-60.

③ 赵展宁. 对青海油田内控体系与 QHSE 管理体系融合的探索[J]. 企业改革与管理，2016(7)：25、54.

了与中石油信息网的连接。随后，对油田网络进行了扩容改造和优化升级。经过多年努力，青海油田建成了一套完善、快速、稳定、安全、可控、覆盖全油田的信息系统，并在油田各个领域得到了推广应用。目前已经建成了覆盖全油田、跨地域、跨时空的信息门户网站。青海油田尚无明确的"QHSE 管理体系信息化建设"说法，但青海油田监理项目信息化管理软件的开发及应用实践也能在一定程度上指导、启发长庆油田的 QHSE 监管信息化建设。

2. 采油十厂监理信息化建设

为实现业务监督监理信息化建设，青海油田在开发软件过程中：第一，围绕数据链设计理念，将监理业务和信息技术进行有机结合，通过监理作业结构分解和工作流程整合，将监理项目管理过程中的业务流、信息流、工作流与项目各参建单位及部门进行纵向与横向集成，实现集成化的、实时的、多层级的工程建设项目管理。第二，在开发过程中，开发人员客观分析青海油田公司内外网网络环境因素，明确该系统环境部署，内部基于 Browser/Server 方式构建，外部 Internet 服务器数据库为 Oracle 11G R2，客户端为 Andriod 平板。第三，开发人员以内外部环境为基点，科学设置各工作模块，包括工程监理模块、监理后台模块、工程信息模块、工程管理模块、动态分析模块等，开发人员促使各模块相互作用，使之处于统一的网络结构体系中。以"工程监控模块"为例，可以明确项目监理工作开展中的项目监理业务表单、项目操作指南、项目标准规范、项目施工问题等。监理公司可以借助工作模块，随时了解项目建设中问题的解决情况，科学指导相关人员，便于从根本上解决工程项目问题，最大化提高该地区工程项目建设的经济效益。

(三) 大庆油田智能油田建设

大庆油田有限责任公司，简称大庆油公司，是中国石油天然气股份有限公司下属的全资子公司。大庆油田是以石油、天然气的勘探、开发为主营业务的国家控股特大型企业。大庆油田于 1959 年发现、1960 年开发，是世界上为数不多的特大型砂岩油田。油田位于黑龙江省中西部、松嫩平原北部，含油面积 6000 多平方千米。[①] 国内勘探开发范围包括松辽、海拉尔等重要含油气盆地部分区块，

---

① 数据来源：http：//dqyt. cnpc. com. cn/dq/qyjj/common. shtml［EB/OL］.

海外在伊拉克、蒙古国有油气田开发区块，业务有包括勘探开发、工程技术、工程建设、装备制造、油田化工、生产保障、职业教育培训等。

1. QHSE 管理体系建设历程

大庆油田 QHSE 管理体系构建过程与西南油气田类似，体系的建立和实施分为管理者决策与准备、初始评审、体系策划与设计、管理体系文件编制、体系试运行和内部审核与管理评审等六个阶段。① 大庆油田在 QHSE 管理体系在实践应用中逐步显现出若干问题，大致可分为：第一，生产、辅助系统没有形成危害识别、原因分析、预防对策数据库，基础数据松散。第二，大庆油田没有适合的风险评价体系网络信息数据库，对风险管理数据未能实现网络共享。第三，大庆油田缺乏 QHSE 科研物料采购管理、危险化学品风险管理、QHSE 科研项目管理、QHSE 体系文件管理等分类信息数据查询系统。② 以上问题显现出大庆油田 QHSE 管理体系的信息化需求。

2. 庆新油田智能油田建设

大庆油田大力实施数字油田、智能油田、智慧油田三步走战略，把现代管理理念与传统管理经验有机融合，积极探索推进专业化、标准化、信息化"三化"管理，着力破解提质增效难度大等影响生产开发和效益提升的瓶颈问题，"智能+"助力高质量发展。

庆新油田是大庆油田智能化建设的先行者，2010 年至今，庆新油田经历了"数字化建设"和"智能化提升"两个阶段，本着"整体规划，分步实施"和先易后难的原则，逐步实现了油田的全面感知、预测预警、数据驱动、协同优化，初步搭建智能化管控框架和创新发展模式。庆新油田已建成生产指挥中心 1 座、监控终端 3 个。③ 横向上以智能生产为核心，各业务部门协同办公，纵向上由数控中心直接下达生产指令到基层生产单元。庆新油田数据传输率在 95% 以上，数据准确率在 97.5% 以上，实现了无人值守、电子智能巡检。庆新油田搭建了井、间、站、管网统一信息系统平台，开发了集数据采集、智能分析、预警监控视频及定

---

① 张剑君. 大庆油田公司 QHSE 一体化管理体系研究[D]. 天津：天津大学，2006.

② 刘欣江. 大庆采油十厂 QHSE 风险信息系统的设计与实现[D]. 成都：电子科技大学，2015.

③ 数据来源：http://news.cnpc.com.cn/system/2022/04/06/030064524.shtml[EB/OL].

位监控功能于一体的生产指挥系统，实现了生产管理全面智能化。

庆新油田陆续研发和部署了机采、集输、注水、油藏、能耗五大智能应用系统，均取得了较好的应用效果。第一，在单井运行管理方面，庆新油田对油井电参、力参的实时监控，系统自动推送油井停井、皮带断等多类故障告警信息。系统运行以来，告警准确率达99.7%，油井的时率和利用率提高到97.5%以上。第二，在集输管理方面，实现了转油脱水、掺水优化、井间、站间管线运行状态的智能监控及关键节点的自动操控，确保了系统安全高效运行。第三，注水管理方面，实现了水处理、单井调配、泵运行状态等实时监控告警及关键节点的自动操控。系统依据注采平衡、以采定注的原则，自动推送调配方案，人机互动完成方案制定，大幅降低了人工设计工作量。第四，在油藏管理方面，升级了传统资料录取和检查方式，资料全准率大幅提高；通过油水井生产动态异常波动自动预警，油井隐性降产、水井不达标风险无处遁形。开发指标监控由区块、月度精细到单井、每天。第五，在能耗管理方面，中国石油把庆新油田确定为能源管控试点单位，2018年能源管控系统试运行以来，吨液耗电降低1.21千瓦时，吨液耗气降低0.1立方米，吨液综合能耗降低0.52千克标准煤。

第二节　生产监管智能化技术保障

一、QHSE 管理体系打造流程化管理机制

（一）长庆油田 QHSE 管理体系建设现状

长庆油田 QHSE 管理体系建设现状，本节将从其建设的战略愿景、组织领导、运行模式以及资源支持等方面对 QHSE 管理体系展开详细的介绍。

1. 战略愿景

QHSE 管理体系是企业安全生产的制度保障，长庆油田作为我国第一大油气田，其安全生产自然也离不开 QHSE 管理体系的保障。为适应长庆油田公司不断发展的需要，强化 QHSE 的一体化，增强公司的市场竞争力、持续满足市场和相关方要求，实现公司 QHSE 管理绩效的最优化，不断提高公司的整体管理水平，

长庆油田基于长期实践经验发布《长庆油田公司 QHSE 管理体系管理手册》①。该《管理手册》于 2021 年发布，是作为长庆油田 QHSE 管理体系的纲领性、法规性文件。该《管理手册》概述了长庆建立、实施、保持和持续改进 QHSE 管理体系的要求，明确阐述了公司的承诺、方针和目标，总体描述了 QHSE 管理体系的主要风险控制环节及相互关系，是公司基本管理理念的表述，是全体员工必须遵守的行为准则。《管理手册》是对社会、客户和员工的公开承诺，也是向外提供风险控制能力的证实性文件，充分体现了对满足合规义务和客户要求的承诺。长庆油田十几年 QHSE 管理实践在《管理手册》凝结出如下 6 点 QHSE 管理理念：

（1）以人为本、质量至上、安全第一、环保优先；

（2）一切事故都是可以预防和避免的；

（3）员工的生命和健康是企业发展的基础；

（4）安全环保是最大政治、最大效益、最大民生；

（5）在保护中开发，在开发中保护，环保优先；

（6）安全源于责任心、源于设计、源于质量、源于防范。

在该管理理念的指导下，长庆油田确定"追求零伤害、零污染、零事故、零缺陷，在质量、健康、安全与环境管理方面达到国内同行业领先、国际一流水平"的 QHSE 管理体系战略目标。

2. 组织领导

实现 QHSE 管理体系战略目标，需要长庆油田提供机构和领导层面的强有力保障。长庆油田成立 QHSE 委员会，并鼓励公司及二级单位主要负责人在 QHSE 委员会的协助下，加速构建长庆油田 QHSE 管理体系网络。

（1）机构建设。

长庆油田成立 QHSE 委员会，并在委员会下分设防火委员会、质量管理委员会、节能节水管理委员会以及绿化管理委员会。各委员会各司其职，服务于生产、职能部门。QHSE 委员会用以完善组织机构建设，形成纵向到底、横向到边、齐抓共管的 QHSE 管理体系网络，落实全员 QHSE 管理职责。QHSE 委员会及 QHSE 管理体系网络的建设遵循以下原则：第一，公司和各二级单位按业务系

---

① 《长庆油田公司 QHSE 管理体系管理手册》，以下简称《管理手册》。

统成立 QHSE 专业委员会，专业委员会主任由分管领导担任。第二，公司和各二级单位设置相对独立的 QHSE 管理机构，配备专职 QHSE 管理人员，以更好地发挥 QHSE 管理机构的监督、咨询和协调作用。第三，推行直线责任和属地管理要求，各部门、单位编制安全生产责任清单，形成上下配套、层层分解、逐级衔接责任体系。第四，公司设立安全环保监督部(属二级单位编制)，按生产区域划分，设立监督站。

(2)领导承诺。

机关部门及二级单位主要负责人应确保将 QHSE 管理体系融入公司的各部门和二级单位的业务管理，使各级员工努力促进 QHSE 管理体系的有效运行。具体的践行方式有以下几种：第一，各级领导通过支持和参与 QHSE 委员会及其各子专业委员会，持续改进 QHSE 管理绩效。第二，各级领导严格按照"五个安全"方法论要求，从严做到"想安全、讲安全、抓安全、查安全、考安全"，落实"党政同责"和"一岗两责"，实施和持续改进 QHSE 管理体系。第三，各级领导带头宣贯 QHSE 管理理念，带头学习和遵守 QHSE 管理体系规章制度，带头开展 QHSE 管理培训，带头识别和防控 QHSE 风险，带头开展安全经验分享。第四，各级宣传部门应通过多种形式，积极宣传贯彻 QHSE 管理观念和领导承诺，引导和调动员工、承包方积极参与公司 QHSE 管理，营造良好的文化氛围。

3. 运行模式

为满足生产运行的要求，应对风险与抓住机遇，公司和各二级单位基于风险防控思维，对业务和管辖范围内的各项工作围绕着 QHSE 管理体系运行的策划和设计。各业务部门和职能部门依据工作职责确定其部门内部的 QHSE 管理体系的管理目标、控制准则、所需资源以及权力责任等运行要素。

(1)勘探部门是油气资源勘探业务的管理部门，负责勘探发展规划、年度计划、勘探投资控制、地质储量管理；还需组织年度石油天然气探明、控制、预测储量、SEC 储量方案的编制、阶段审查和提交；以及测录井、物化探工程、岩心分析化验和岩心档案管理。油气勘探主管部门按照公司年度油气预探部署总体设计，进行油气藏勘探阶段设计的组织、协调和管理。

(2)开发部门是公司油气田开发建设业务主管部门，负责开展油田和气田的开发规划、产能建设、油藏和气藏管理等业务。其中，油田开发部门组织油田开发方案的编制、审查及部署优化调整；钻采工程方案的编制审查及实施考核；产能建设项目、油藏评价项目等项目的验收和转资。气田开发部门则主要组织气田开采的前期评价部署和实施跟踪；产能建设钻采工程方案的编制审查和实施跟踪；以及开展项目预验收和转资等工作。

（3）工程技术管理部门是开发工程技术业务主管部门，负责钻井、试油、压裂、固井质量等工艺技术的管理工作。该部门不仅负责作业工程设计的组织、协调和管理，还对钻井、试油、压裂等工程进行监督。工程技术管理部门开展钻井套管及附件、固井材料等项目的质量管理，以及开展对试油压裂用井下工具、化工料、支撑剂性能的评价和质量抽检工作。

（4）基建工程管理部门是油气开发地面工程建设业务的主管部门，主要负责地面建设工程施工图会审、工程招标、工程开工、质量安全环保及竣工验收等管理业务。该部门积极组织油气田地面建设工程进展、工程质量、安全环保等综合情况监督检查和考核，从而确保建设项目设计遵循本质安全化、清洁化、减量化原则。

（5）规划计划部门和生产运行部门分别是油气生产计划和生产集输指挥协调的主管部门。规划计划部门负责上报油田公司年度、季度产销建议计划和月度生产建议计划，下达油田公司年、季度计划，进行年度考核，需要时申请调整年度计划，并依据批复情况调整下达，回复协调地方政府原油指标要求。生产运行部门则负责油田公司月度生产建设的跟踪检查落实；协调运行油气集输系统，确保产输平衡；建设、运行和维护数字化生产指挥系统；以及组织召开油田公司生产调度例会并督办落实等工作。

4. 资源支持

公司和各二级单位为 QHSE 管理体系建立、运行、保持和改进，从人员资金、设备和设施、工作环境以及公司知识等方面为 QHSE 管理体系贯彻落实提供了充沛的资源支持，以便各级业务主管部门能够统筹、配置、调整、优化和使用 QHSE 管理体系进行监督管理。

（1）人员与资金投入。公司和各二级单位应为 QHSE 管理体系的有效运行提供必要的人员、资金等资源保障。人事部门负责根据工作需要，组织配备 QHSE 管理体系所需的各类人员，明确任职要求，组织评聘工作。质量安全环保部门负责协调油气田隐患治理年度的投资计划，以及单位自管安全生产费用下达项目的备案管理，保证安全环保所需的资金投入。财务部门负责足额提取安全生产费用，将 QHSE 业务管理的各项费用纳入总体预算，将 QHSE 隐患治理资金、应急资金，以及各类 QHSE 专项费用资金，及时列入计划安排解决。

（2）设备及设施完整性。公司各部门和二级单位应按业务职能，统筹策划和配置满足产能、质量、安全、环保等生产运行所需的各类设备设施：

第一，对关键设备设施实施设计、选型、购置、制造、安装、使用、维护、停用、报废全生命周期管理，确保设备设施本质安全。确保新建、改建、扩建工程建设项目的职业健康、安全、消防、环境、节能等设施与主体工程的同步运营。第二，对列入集团公司产品驻厂监造目录的设备设施实施驻厂监造，大型设备必须由具有相应资质的单位进行安装，验收合格方可投入使用。在设备设施试运行前，均在启动前进行安全检查（PSSR），制定试运行方案并落实 HSE 措施，对不符合投用条件的设备设施禁止启用。第三，对设备设施全过程管理有关的信息进行整理、传递和保存，建立完善设备设施台账和技术档案，实现信息化管理。以便在设备变更时，能及时更新信息并进行告知或培训。

（3）工作环境。公司和各二级单位提供符合 QHSE 管理体系要求的工作环境，构建和谐、平等、信任、宽容的企业环境。充分利用影响员工身心健康的社会、心理、生理等人文和健康因素，具体从以下几个方面落实：

第一，各级人事部门优化配置已有人力资源，保证一线操作人员和服务人员能够合理轮班、排班和休班。并按期组织员工进行健康体检，及时了解员工的生理、心理状态以及行为习惯，加强心理疏导、精神慰藉，稳定员工情绪，防范行为异常导致事故发生。第二，各级安全环保部门安排组织对安全设备、职业卫生防护设施、消防设施、应急救援设施进行定期检查监督，保证各项设备设施符合安全生产运行要求。第三，各级行政事务部门对办公楼、前线生产基地的物业、安保、绿化、消防、公共卫生、会议服务、员工食堂、公务用车等情况进行优化管理，为员工创造安全、舒适、健康的工作环境。

（4）公司知识。公司各部门和二级单位应确定、保持在油气勘探开发过程中形成的知识技术，并通过多种途径接触或获取更多的必要知识。

第一，科技部门对公司科技项目开展立项审批、验收以及实施的监督管理工作,负责将安全环保科技成果转化推广,并针对科研项目进行立项论证、实施、检查、考核和成果鉴定等工作。第二,质量安全环保部门则组织相关单位将成熟的 QHSE 管理经验总结为企业标准,成熟经验进行推广应用。第三,各业务部门积极跟踪、检索、收集国内外标准、技术、管理的发展动态和趋势,收集、整理学术专业会议的交流材料,以及生产经营的典型案例等知识材料,根据公司的发展需要推动"四新"技术的应用。第四,公司鼓励员工对 QHSE 管理水平积极献计献策,对做出突出贡献的员工进行奖励。公司鼓励员工充分利用各种形式进行先进经验分享,促使各类知识经验广泛传播。

（二）长庆油田 QHSE 管理体系监管实效

QHSE 管理体系的监督实效,即为"QHSE 监管"。长庆油田在开展 QHSE 监管过程中,始终坚持将过程考核与结果考核相结合,科学设定 QHSE 监管考核要素和内容,突出对关键时期、重点领域、薄弱环节进行监督管控,确保 QHSE 管理体系应用的监管实效发挥。长庆油田 QHSE 管理体系在以下方面保障了长庆石油的安全生产。

1. 监督检查实效

公司根据安全环保风险分类,推行差异化监管。公司设立安全环保监督部和工程监督处,实施组织内部异体 QHSE 监督,对重点单位、重点领域和重大项目开展监督检查,落实"四查"（即查思想、查管理、查技术、查纪律）要求、"四全"（即全员、全方位、全过程、全天候）监督。并取得了如下监督实效:

第一,实现了公司对重大工程建设项目的重点单位、要害部位、关键环节的巡回、旁站式监督;第二,推广落实了质量安全环保部门的"四不两直"监督方式,为每年两次综合安全检查奠定基础;第三,各职能部门根据 QHSE 管理风险管控要求,制订计划和专业检查表,实现对各项具体业务的专业检查;第四,基层单位依托 QHSE 管理体系实现对岗位安全的日常检查、实时记录,以及时发现问题、报告问题并处理问题;第五,通过编制 QHSE 管理体系的各类检查表,明确安全生产监督检查重点,量化检查结果,充分利用检查结果整改问题,实现闭环管理。

2. 监控监测实效

石油、天然气生产安全除了需要对日常生产业务进行监督检查外，还需要对生产环境状况、职业卫生、设备设施等方面进行监控监测。长庆油田借助 QHSE 管理体系对以上方面展开实时监测。

第一，长庆石油在 QHSE 管理体系下采用国家行业标准对开采环境进行采样、分析，实现污染源的实时监测。利用在线监测系统保障环境污染数据有效传输，并在 QHSE 管理平台实时公开重点排污单位的环境信息。第二，在职业卫生方面，长庆石油基于 QHSE 管理体系，对职业危害场所进行日常监测和定期检测，对发现异常情况的情境进行及时干预。公司安排专业机构对接员工的岗前、岗中和离岗前的职业健康检查，强有力地确保了一线生产员工的人身健康。第三，在安全生产要求面前，公司和各二级单位按 QHSE 管理体系要求，对设备设施及其附件进行检测、校验和检定，利用连锁报警等系统对生产工艺和关键设备进行实时监测，利用火灾报警系统、泄漏报警系统等对有毒有害、易燃易爆作业场所进行监测预警，及时发现各类异常险情和隐患问题。

3. 内部审核实效

长庆油田 QHSE 管理体系是由公司质量安全环保部门主要规划运作的。质量安全环保部门同时负责对公司 QHSE 管理体系的内部审核工作。公司和各二级单位积极配合质量安全环保部门的工作，对本部门、本单位审核发现问题的进行原因分析，制定和落实纠正措施。

首先，质量安全环保部门坚持"三不审核"原则，对公司 QHSE 管理体系的运行状况按照"一体化、差异化、精准化"审核要求，对公司全部门全要素进行每年不少于一次的内部审核，审核方式包括但不限于量化审核、专项审核、内审指导等多种方式。其次，质量安全环保部门每年除了对公司进行全部门内部审核外，还会在每年选取重点单位、重点领域和重大项目开展安全环保技术诊断与管理评估，查找 QHSE 管理体系短板和漏洞，针对审核问题剖析深层次原因，制定和实施纠正措施和改进方案，以防止问题再次发生，并提升 QHSE 绩效。最后，质量安全环保部门还负责组织培训公司的 HSE 咨询师和审核员工作，建立完善了审核员激励机制，以满足内部需要的审核员队伍。

二、智能化数据采集推动自动化业务生产

数据处理层面，长庆油田已建成国内最大规模油气生产物联网（AII）系统，上线油气水井 9 万余口，覆盖率 98.2%，场站数字化 100% 全覆盖，基本实现了井站生产数据自动采集、作业现场视频监控、设备远程管控以及异常工况的自动预警。数据管理实现全领域"上云入湖"，并在强大的数据采集基础上完成了从原始数据信息到智能化场景应用的转变。

（一）"上云入湖"实现全域数据管理

"上云入湖"中"云"和"湖"分别代指长庆石油两个不同的数据库，"上云入湖"是指长庆油田 QHSE 监管业务"上云"管理机制和 QHSE 监管数据"入湖"管理机制。"上云入湖"机制是长庆油田 QHSE 监管信息化的建设基础，是长庆油田研发 QHSE 监管一体化平台，全面覆盖监控管理、监督管理、业务管理、专项管理、综合管理 5 大类 31 项业务，满足公司级、厂处级和作业区级三级监管的需求的建设基础。其具体的管理机制如下所示。

1. QHSE 监管业务"上云"管理机制

实施 QHSE 监管信息化，应落实各层级监管职责。"上云"管理机制将 QHSE 监管业务划分为作业区层、厂处监管层、公司监控层。对油田公司 QHSE 监管从顶层到基层进行监管职责划分。作业区级单位主要以数据采集、录入为主；厂处级单位主要以流程化管控为主；油田公司监控层以 QHSE 整体业务监管为主，关注各专业领域内的重点风险防范和管控。"上云"管理机制帮助不同层级 QHSE 监管业务"上云"，以实现业务流信息向数据流信息转化。如图 2-2 所示，长庆油田业务"上云"在油田层级主要分为开发测试集群和生产集群。开发测试集群主要对接容器平台、DevOps 流水线和资源调度平台，而生产集群则负责对接容器平台和资源调度平台。

2. QHSE 监管数据"入湖"管理机制

QHSE 监管数据"入湖"管理机制实行 QHSE 数据全域"入湖"，是监管数据统一数据口径、"一次填报、多模块共享"的管理机制。数据"入湖"可实现以下三种功能：一是统一数据来源，采用统一的数据湖技术，系统开展数据库标准化建

设；二是规范数据结构，包括主数据、油田自建数据、二级单位自建数据、统建数据；三是共享数据资源，基于数据平台，为 QHSE 各类应用提供统一支撑服务。长庆油田数据"入湖"的机制如图 2-3 所示。

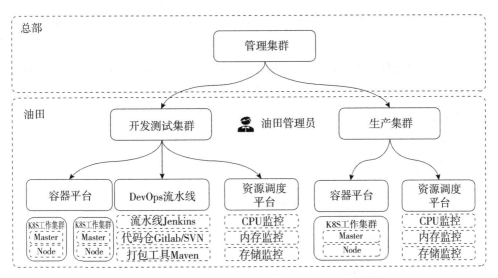

图 2-2　长庆油田业务"上云"本地化部署框架

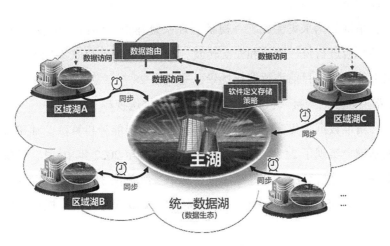

图 2-3　长庆油田数据"入湖"机制图

为逐步实现数据的统一、规范与共享，长庆油田进行了如下的信息化探索：

建立了 96 个标准化数据子湖模型和采集模板。涵盖了安全生产责任清单、井筒作业风险、风险管控措施、隐患排查治理清单、非常规作业 JSA 数据、地面监理工序标准等。

初步完成安全监督领域数据治理。规范了移动端采集、PC 端采集、数据接口 3 种采集方式，实现安全监督源头数据的伴随式标准化采集、规范化审核、云端化存储。

基本完成视频数据治理，统一规范了固定视频和移动布控球接入以及视频对外服务等标准。目前已为多套系统提供视频服务，实现视频数据的接入、管理、服务的标准化。

实现了与集团公司安全环保统建系统、地方政府双重预防等项目的互联互通，以及数据的共享共建。

(二)精准数据形成智能场景运用

"上云入湖"机制是进一步推进长庆油田 QHSE 监管信息化的建设基础，也是各种油气生产智能化场景的应用前提。在长庆油田已有的数据基础上，"上云入湖"机制为长庆油田部署了公司级安全生产智慧眼系统的智能化场景，该智能化场景具体以如下形式体现：

第一，精准数据采集促成统一视频管理系统建设。油田公司通过对 30 套厂级视频监控平台进行统一管理和二次转发，解决现场视频格式不标准，无插件播放预览失败等问题。目前该智能化场景已完成了 28 个二级单位、23 个项目组的 43000 余路视频数据的接入，并向板块安眼系统推送视频。

第二，精准数据采集保障油田公司进一步研发智能分析算法。油田公司已在全域数据基础上实现了 21 种 AI 分析算法研发。截至 2022 年 10 月，长庆油田已研发出 21 种 AI 分析算法，这些算法正在 9 个二级单位 31 个作业区级推广应用。智能分析算法为 6516 路视频进行算法赋能，实现违章行为实时抓拍、安全风险实时预警。

第三，精准数据采集确保视频质量得以实现诊断管理。油田公司采用 RPA 智能机器人自动模拟人工视频巡检，实现对全公司 4 万余路视频每日巡检 3 次以上。新增视频能够影响报备管理流程以及巡检结果处置流程，促进实现故障处理的闭环管理。

小　　结

从国际层面来说，在纷繁复杂的国际能源地缘政治背景下，面对化石能源储量减少而消费量上升、地缘政治冲突不断、全球气候变化影响加剧、国际油价高位运行和剧烈波动等不安定因素的冲击，坚持稳字当头、稳中求进，增强我国国内资源生产保障能力，守住能源安全底线始终是我国国家安全战略中的重要一环。作为能源生产和消费大国，能源安全是国家赖以生存的命脉，确保能源安全，全面推动我国能源安全新战略向纵深发展，既是事关综合国力和国家安全的首要之义，也是为完善全球能源治理架构提供"中国智慧"。

能源是世界经济运转的动力，能源的供应推动各国经济的不断发展。石油作为世界主导性能源之一，由于其不可再生性，因而世界各国都将石油作为能源的重点，致使石油独占了世界能源市场的鳌头。对于国家而言，石油已不仅是传统意义上的"工业血液"，而且成为实现国家安全、经济腾飞和民族富强的重要物质基础，更是国际事务普遍关注的焦点之一。近年来，全球产业变革迅猛推进，油气领域颠覆性技术不断孕育、成型、发展。对于我国石油行业而言，着眼提升我国能源安全保障能力，如何不断推进能源科技高水平自立自强，加大大数据、云计算、人工智能等信息产业与传统技术的融合，为行业可持续发展注入新动能是急需解决的核心问题。

国家有要求

从我国国家治理层面来说，能源安全是关系国家经济社会发展的全局性、战略性问题，对国家繁荣发展、人民生活改善、社会长治久安至关重要。党的十八大以来，在习近平总书记"四个革命、一个合作"能源安全新战略的科学指引下，多轮驱动的能源供给体系逐步完善，供给质量和效益不断提升，不仅经受住了新冠疫情、重大自然灾害等方面的严峻考验，而且有力应对了国际能源价格动荡对我国发展的传导影响，为促进经济社会高质量发展提供了坚实的能源保障。

与此同时，也应该看到，由于经济社会的发展需求，中国的能源消费呈不断增长之势，并在世界能源消费增长份额中占有较大的比重，导致中国能源的结构性矛盾日益突出。清洁高效的石油天然气能源供不应求，石油短缺是中国能源安全主要矛盾中的主要方面，也就是说国内石油供应不足是中国能源安全的核心问题。从总量和结构的角度来分析，中国能源供求总量结构严重失衡，作为中国石油企业，必须要勇于承担保障国家能源安全的重任。

集团有安排

从集团公司的经营及社会责任层面来说，作为我国最大的油气生产供应企业，中国石油主动担当、积极作为，坚决落实油气勘探开发"七年行动计划"，努力端稳端牢端好能源的饭碗，在稳油增气的同时加快向"油气热电氢"综合性国际能源公司转型，展现了强国之路上的石油力量。立足资源战略，中国石油坚持高效勘探，突出集中勘探，加大风险勘探和甩开预探，在常规非常规多个重大领域取得战略性突破。一系列突破开辟了油气规模增储新阵地，落实了一批规模优质高效储量，有力支撑了油气业务可持续发展。

在习近平总书记对央企勇当原创技术的"策源地"的殷切期望下，中国石油从"我为祖国献石油"到"我为祖国献能源"，奏响了保障国家能源安全的新时代乐章。面对高质量发展要求，企业只有抓住创新，才能牵住高质量发展的"牛鼻子"。集团公司对安全管理提出远程监控视频化、监督管理智能化要求；油气与新能源分公司加快推进数字化、智能化"安眼工程"，并将长庆油田纳入3家"安眼工程"试点单位。在智能化背景下，以连接为基础，以数据为关键要素，以安全生产为目标，以数据赋能为主线，是集团公司抓住数字化转型机遇的必然要义。

油田有需求

从油田的发展需求层面来说，面对低渗、低压、低丰度的"三低"油气藏现状，长庆石油人经过数十年科技攻关和集成创新，展开大规模的超低渗油气田技术攻关，突破了超低渗油藏有效开发的世界性难题，形成了一整套高效开发特低渗油气田的主体技术、特色技术和配套技术，成功解决了难以对付的"三低"油气藏，创造了世界低渗透油气田开发奇迹。但生产区域点多、线长、面广，面临的安全风险和管理特点决定了急需升级监管方式和建设智能化风险管控平台。

从公司的发展需求层面来说，面对不断升级的生产技术和日益激烈的商业竞争环境，落实集团公司"开源节流降本增效"整体部署，坚持"干毛巾也能拧出水"的产能建设与日常运营工作安排是油田公司提升竞争力的破局点。新时期"二次加快发展"战略规划的指导下，通过物联网、大数据、云计算、人工智能、移动应用等新一代信息技术的集成创新应用，全面建成油田数字神经与大脑系统，大幅度提升油田各层级对勘探开发过程、管理对象以及企业资源的全面感知能力、敏捷反馈能力、整合运营能力和全局优化能力是公司实现生产优化、高效运营、创新创效的根本路径。

建设有基础

围绕集团公司工作会议上明确的落实创新、资源、市场、国际化、绿色低碳"五大发展战略"。长庆油田始终把保障国家能源安全作为首要责任，稳步推进资源勘探、油气开发与新能源业务融合发展。在国际能源危机叠加新冠疫情影响的大趋势下，公司对环境保护、气候变化、可持续发展以及绿色低碳等重大问题的进一步重视，制定了新时期针对油气产量和生产效益的"三年发展方案"。面对生产管理和现场组织难度大、绿色矿山建设成本高等制约长庆油田高质量发展的瓶颈问题，提出相应的基础建设方案。

体系建设方面，坚持先进的信息化技术与油田主营业务深度融合，大力实施智能化"326"工程，构建大科研、大运营、大监督三大支撑体系。业务创新方面，坚持勘探开发主营业务主导，重点围绕基层用户、基础工作、过程管控，按照全域数据管理、全面一体化管理、全生命周期管理、全面闭环管理理念，开发的国内最大规模油气生产物联网（A11）系统，基本实现了井站生产数据自动采集、作业现场视频监控、设备远程管控以及异常工况的自动预警，配套"油田公司"模式改革，助推了企业高质量发展。

技术有保障

随着5G、数据中心、工业互联网等"新基建"建设蓬勃发展，为油田企业数字化转型、智能化发展带来新的重大机遇。长庆油田积极跟进信息时代技术管理变革趋势，把数字化、智能化作为重要配套工程，加大机器人和无人机等物联网配套技术的研发应用，深化场站无人值守、油气井智能优化生产、作业可视化监控、四维油藏模型、智能装备应用、人财物精准管理6项重点应用。实现组织流程与数字化、智能化管理相统一，减少管理层级，缩短生产指挥链条。

对标智能化油田建设规划和目标愿景，结合企业内部快速发展、信息系统数递增与管理难度加大、用工总量控制之间的矛盾。跟进信息时代技术管理变革趋势，打破以往"各自为政、重复建设、信息孤立"的监管方式，把数字化、智能化作为重要配套工程，建设服务于二级单位应用、业务部门监管、公司领导决策的智能化风险识别、感知、跟踪、监控的一体化监管平台，是企业数字化转型时期，长庆油田提高管理效率，以安全护航企业发展必需的"长庆方案"。

构 建 篇

要发挥各级安委会指导协调、监督检查、巡查考核的作用，形成上下合力，齐抓共管。

——习近平

第三章　理论基础与现实保障

回首过去 51 年岁月更迭，一代代长庆人接续奋斗，终于让梦想照进现实。2021 年，长庆人建成了 6000 万吨级国内第一大油气田，以"磨刀石"的精神将公司发展开启新纪元。从"跑步上陇东"为始，长庆人始终坚持党中央的领导，心怀"国之大者"，主动担当作为，不仅磨亮了"我为祖国献石油"的爱国初心，磨尖了石油勘探开发技术利器，也磨砺了忠诚担当、创新奉献、攻坚啃硬、拼搏进取的长庆精神。在漫漫奋斗史中，长庆人不断把"石油工人心向党"的坚定信念转化为"我为祖国献石油"的生动实践。

党的二十大报告将能源资源安全作为推进国家安全体系和能力现代化、坚决维护国家安全和社会稳定的重要内容，为能源企业发展提出新要求、注入新动力。立足新时代新征程，长庆油田紧密结合党的二十大重大决策部署，深入践行"两个一以贯之"。围绕"率先实现高质量发展，建设基业长青的百年长庆"目标愿景，只有从管理学实践中探求公司管理理论源头，结合新时期公司数字化转型工具，长庆油田才能更好地把公司业务发展和完善公司治理统一起来，坚决在能源革命中勇立潮头。

第一节　5S 理论的逻辑框架

管理过程学派奠基人法约尔曾说过："管理的过程就是预测、计划、组织、指挥、协调、控制的过程。"对于油田企业的安全生产工作而言，如何更好地发挥管理的最大效能，在夯实基础管理、提高经营绩效的同时，实现"以人为本、质量至上、安全第一、环保优先"的生产理念是企业管理的关键环节，越来越受到重视。企业数字化转型趋势下，对于各类业务流程信息化建设步伐的加速提升了管理效率。然而，各个不同统计维度、统计口径的"QHSE 业务相关系统"为资源禀赋、生产运营情况差异性较大的各个厂区无形中增加了隐形工作量，其繁琐复杂的工作方法与企业价值最大化的发展需求之间有较大的偏差。

结合数字化时代趋势，数字化转型、智能化发展是长庆油田高质量发展的必由之路，是油田推动治理体系和治理能力现代化、率先实现高质量发展的重要途径。数字化转型、智能化发展是长庆油田的"企之大者"，是油田勘探开发的主体技术，是"油公司"模式的核心，是高质量发展的重要手段，是最大的民生，是"一把手"工程。石油生产企业要实现企业价值最大化，就必须坚持问题导向，分析和解决制约数字化转型、智能化发展的痛点和难点问题。在坚持继承与创新相结合的企业精神指导下，积极探索创新适应新形势新要求的"QHSE 信息化监管"工作新形态、新方式，成为时代发展的必然要求。在新一轮国企改革和能源生产消费升级的关键期，坚持信息化管理技术与专业管理相结合，将传统管理与现代管理深度融合，实现 QHSE 工作整体标准化、个体差异化，是实现企业价值的持续增长的必由之路。

党的十八大以来，我国坚定不移贯彻新发展理念，习近平总书记多次为信息技术创新驱动企业数字化做出重要批示。在此时代背景中，现代信息化技术已经在各个行业的各个领域中被广泛应用。企业安全生产管理在现代化的生产发展中被赋予了更高的要求和标准，与此同时数字化管理平台的构建也已经成为实现企业高速发展的必然趋势。在数字化管理平台中，企业可以进行分级管控生产风险，将安全隐患进行全面排除，从而能够有效保证企业生产的标准化和质量安全。安全生产管理作为现代企业管理的重要组成部分，遵循管理的普遍规律，既服从管理的基本原理与原则，又有其特殊的原理与原则。现代安全生产管理原理是从生产管的共性出发，对生产管理工作的实质内容进行科学分析、综合、抽象与概括所得出的生产管理规律。结合现代安全生产原则（见表 3-1）四大维度，总结提炼"5S"要素，阐释长庆油田以信息技术创新发展为引领的企业安全生产管理数字化平台构建的理论经验，同时为下一步推广复制总结发展经验，为高层决策提供理论依据。

表 3-1	现代安全生产原则
系统原则	动态相关性原则、整分合原则、反馈原则、封闭原则
人本原则	动力原则、能级原则、激励原则、行为原则
预防原理	偶然损失原则、因果关系原则、3E 原则、本质安全化原则
强制原理	安全第一原则、监督原则

　　创新视角的"5S"要素管理体系，就是融合企业管理中的现代安全生产原则，在企业生产管理工作中，以信息技术平台作为技术基础，以制度体系作为平台管理的基础和保障，依托信息化管理手段实现安全生产全流程管理，最终实现"追求零伤害、零污染、零事故、零缺陷，在质量、健康、安全与环境管理方面达到国内同行业领先、国际一流水平"的 QHSE 战略目标(见图 3-1、图 3-2)。

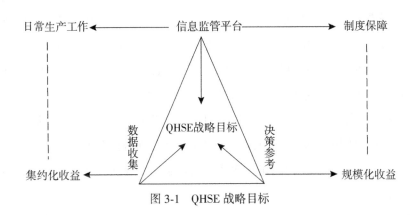

图 3-1　QHSE 战略目标

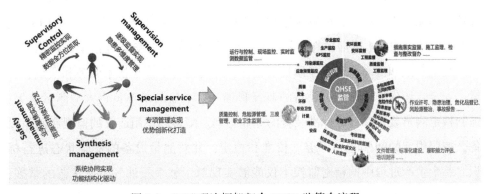

图 3-2　"5S"理论框架契合 QHSE 监管全流程

一、基于过程控制的"S"——精密监控实现数据全方位获取

从海因里希事故致因理论视角，导致企业安全生产事故的原因及事故之间，不是一个孤立的事件，尽管伤害可能在某瞬间突然发生，却是一系列事件相继发生的结果。该理论认为工业伤害事故的发生、发展过程为具有一定因果关系的连锁发生过程，而事故因果连锁过程包括如下5个因素：社会环境、人的缺点、人的不安全行为或物的不安全状态、事故和伤害。5个事故致因如同多米诺骨牌一般排列，若一颗牌被撞倒，则会发生连锁反应，其余几颗骨牌相继被撞倒。切断其中一个牌，整个传导模式就会被切断。从实际生产经验来说，仅仅切断事故传导过程中的某一环，需要建立在对于整个生产过程熟悉掌握的基础上。对整个生产过程数据的全方位多维度掌握。

结合美国数理统计学家休哈特提出统计过程控制(SPC)理论，应用统计技术对生产过程进行监控，不仅能够减少对检验的依赖，更能够提升整体的项目质量。统计过程控制是应用统计技术对过程中的各个阶段进行评估和监控，建立并保持过程处于可接受的并且稳定的水平，从而保证产品与服务符合规定要求的一种质量管理技术。SPC强调全过程监控、全系统参与，并且强调用科学方法(主要是统计技术)来保证全过程的预防。现代安全生产原则中，对于流程化作业，最重要的一个原则就是动态化原则。动态相关性原则告诉我们，构成管理系统的各要素是运动和发展的，它们相互联系又相互制约。显然，如果管理系统的各要素都处于被监控下的静止状态，就不会发生事故。

QHSE监管信息化系统整合平台的底层"Supervisory Control"监控技术作为系统数据的抓取直观手段，能够确定和提供所需各类监视和测量资源，对QHSE技术服务和测量设备(包括软件)的采购、使用、储存、维修等过程予以控制，以确保结果有效和可靠。其中，质量安全环保部门负责QHSE技术服务和质量、计量、安全、环保、能源监测设备的监督管理。技术监测单位负责大型测量装置、强制检定测量装置和计量标准装置的专业管理。配备和使用适宜的监视和测量设备，按照规定的间隔进行保养、校准和检定，并对测量设备的检验状态进行标识。整个生产过程中的精密监控不仅能够实现对于整个石油气生产工艺的掌握，更能实现在风险过程中及时识别风险因素，当发现测量设备不符合预期用途时，

应确定以往测量结果是否受到不利影响，并采取适当的措施，及时切断事故致因因素的传导过程。

"Supervisory Control"监控技术糅合SPC结论，不仅适用于石油气生产的质量控制，更可应用于一切石油销售、人力资源管理、市场分析等管理过程。正是全员参与管理质量的思想，实施监控技术可以帮助企业在质量控制上真正做到"事前"预防和控制，实现对过程做出可靠的评估、确定过程的统计控制界限，判断过程是否失控。此外，该理论框架为过程提供一个早期报警系统，及时监控过程的情况以防止风险因素的发生，进而减少对常规检验的依赖性，提升质量安全。

二、基于反馈控制的"S"——逐级监督实现隐患多维度管理

系统原理是现代管理学的一个最基本原理。它是指人们在从事管理工作时，运用系统理论、观点和方法，对管理活动进行充分的系统分析，以达到管理的优化目标，即用系统论的观点、理论和方法来认识和处理管理中出现的问题。安全生产管理系统是生产管理的一个子系统，包括各级安全管理人员、安全防护设备和设施、安全管理规章制度、安全生产操作规范和规程以及安全生产管理信息等。安全贯穿生产活动的方方面面，安全生产管理是全方位、全天候和涉及全体人员的管理。系统原理建立在封闭原则之上，在企业作为一个组织，同时也是一个管理系统，其管理手段、管理过程等必须构成一个连续封闭的回路，才能形成有效的管理活动。在此原则之上，管理层对于生产及各类生产一线行为的反馈是控制过程的关键一环，直接关系到企业管理的有效性。控制理论中，反馈控制是一种能够有效动态修正系统的经典方法，通过反馈控制使决策者及时了解系统目标的运行状况，如发生偏离，可以迅速做出反应，修正决策方案，也可以起到优化、完善系统目标的作用。

结合长庆油田实际情况，企业生产的内部条件和外部环境都在不断变化，所以必须及时捕获、反馈各种安全生产信息，以便及时采取行动。面对监管目标的多样化、监管指标的复杂化、监管需求的实时性，QHSE监管信息化平台以业务流的归集、数据流的统一为抓手，实现功能层"Supervision"的集合。利用强大的数据信息整合、分析能力，不同业务类型数据向各层级主动推送，实现作业区层、厂处监管层、公司监控层的"一竿子插到底"的监督管理"Supervision

Management"（见图3-3）。融合强制原理中的监督原则，落实国家、行业中安全生产的法律法规，以隐患管理流程模型为基础，综合运用闭环反馈控制理论。在实际生产现场应用中把事前、事中和事后反馈三部曲有效地紧密结合起来，各管理机构之间、各种管理制度和方法之间，建立紧密的联系，形成相互制约的回路。各个层级的监督贯穿隐患管理全过程，形成源源不断的安全反馈闭合回路，从杜绝隐患的源头，到识别、发现隐患，再到治理隐患。对隐患治理取得主动权，牢牢地控制住隐患，避免事故的发生，更好地辅助 QHSE 监管向着数字化、智能化方向转型。

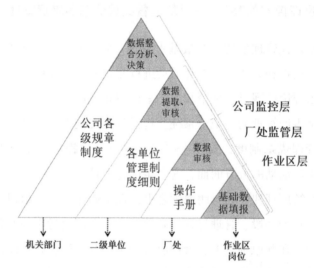

图3-3　QHSE 监管信息化平台"一竿子插到底"的逐级监管模式

三、基于关键节点的"S"——业务聚焦实现资源可持续化开发

从目标与关键成果法的视角，高效的现代安全生产管理首先必须遵循整分合原则，即是在整体规划下明确分工，在分工基础上有效综合。企业管理中，对于工作流程而言，每一环节既相互独立又相互联系，应整体把握油田公司 QHSE 信息化监管业务全局。其次，目标与关键成果法 OKR（Objectives and Key Results）主要聚焦在明确目标和关键结果。将工作业绩指标精细化分割，使员工更积极主动地将关注焦点聚集在公司（团队）的目标上。此工作方法，可以广泛用于一个系

统中的各级组织，是长庆油田安眼平台业务管理模块设计遵循的重要理论方法之一。

OKR 强调明确的目标（Objectives）和足以衡量、验证目标完成情况的具体的指标标准，即关键成果（Key Results）。所谓目标，是对驱动组织朝期望方向前进的定性追求的一种简洁描述。结合油田公司的生产实践，秉承"爱国、创业、求实、奉献"的企业精神，主要任务则是企业核心价值观倡导的"我为祖国献石油"。在此愿景和战略下，能够激发团队达成共鸣，提升团队成员积极性。在充分理解组织的使命、愿景、战略的基础上共同接受组织的领导。所谓关键结果（Key Results），是一种用于衡量指定目标的达成情况的定量描述。关键结果启发的是项目与任务，它代表的是实现目标的策略和路径，如果一个组织达成了既定目标，表现出来的结果便是关键结果。

糅合 OKR 的工作方法论，基于智慧云、数据湖体系架构，QHSE 安全生产一体化平台聚焦主要业务"Safety Management"安全生产全过程管理。细分为安全管理、环保管理、质量管理、职业卫生管理、消防管理等五个部分，从业务层面，架构一站式、标准化的数据建设、治理及应用，满足多源数据接入、数据集中化管理、综合数据治理的需求。该框架提供数据从采集、存储、治理到分析全生命周期的管理和治理体系的同时，为业务应用提供安全、高效、高质量的一站式数据服务，让各个业务部门间的应用数据可以继承和共享，并为大数据分析、认知计算等智能化应用提供全面的数据支撑，帮助油田充分挖掘数据资源价值，打造全面、良性的数据生态系统。

四、基于核心竞争力的"S"——专项管理实现优势创新化打造

企业核心竞争力是"组织中的积累性学识，特别是如何让协调不同的生产技能和有机结合的多种技术流派的学识"。也就是说核心竞争力的形成需要将企业内部的技能和技术进行有机协调和整合，而不是简单的堆积。同时"核心竞争力是在一组织内部经过整合了的知识和技能，尤其是关于怎样协调多种生产技能和整合不同技术的知识和技能"。核心竞争力本身不会自动转化成竞争优势，但将会是企业持续竞争优势的源泉。

针对长庆油田区域广阔、生产节点分散、作业类型繁多等现实状况，结合著

名管理学家哈默尔在"核心竞争力的概念"一文中列举的核心竞争力的三种类型分析可得，QHSE 监管信息化系统整合平台能够从以下几个方面有力助推长庆油田达到安全生产管理持续转型升级的目标。核心竞争力的第一种类型是"参与市场竞争的相关能力，如产品开发、产品销售和营销，产品技术发展和创新，这些技能将帮助企业更好地接近顾客"。在 QHSE 管理体系下油田公司 QHSE 管理体系能以顾客为关注焦点，各部门、各单位建立与顾客和谐共享、互惠双赢、顾客满意的长效机制。在合同或协议中明确质量标准，按约定提供合格产品和服务，确保客户满意。此外技能与技术的整合相关的竞争力是第二个核心竞争力的类型，将产品的相关技术和技能进行有机整合，以有利于提高企业运作效率，提高产品质量周期和库存管理。基于智慧云、数据湖体系架构，QHSE 监管信息化系统整合平台能够实现流程在线化、数据可视化、分析智能化，大大提高企业管理效率。最后一种核心竞争力的类型是产品或服务功能相关的竞争力，要使顾客获得更高的产品使用价值，企业必须具备独特的服务或产品，而不是简单进行技能的升级和优化。QHSE 监管信息化系统整合平台利用数据可视化技术，在充分整合挖掘安全生产数据、资产的基础上，为各级管理单元提供直观、可视、准确和智能的协同环境，为企业工艺创新、产品升级留下充足空间。

包含承包商管理、三同时管理、体系审核、隐患管理、事故事件、危化品管理、风险防控、绿色矿山管理、危险作业管理等内容的"Special Service Management"是在企业的核心产品和核心技术的发展过程中，通过长时期的学习和积累才逐渐明确地对于企业发展至关重要的各类专项业务流程。整合企业中的不同技术，传递组织中的价值观。通过技术赋能，对企业核心竞争力进行长期积累，使企业可以尽可能发现产品和寻求市场机会。企业要长期发展，保持竞争力，就必须进行知识和能力的积累，培育核心竞争力并使其不断提高。

经过整合协调后独特拥有的、使企业在某一市场上长期具有竞争优势的能力资源，是竞争对手在一段时间内难以超越的竞争力，它能使企业保持较长的竞争优势。将技能、资产和运作机制有机融合的企业自组织能力是企业获得长期稳定的竞争优势的基础。

五、基于综合管理的"S"——系统协同实现功能结构化驱动

系统综合化理论（System Integration）通常是指将软件、硬件与通信技术组合起来为用户解决信息处理问题的业务。集成的各个分离部分原本就是一个个独立的系统，集成后各部分之间能彼此有机协调地工作，以发挥整体效益，达到整体优化的目的。系统工程理论认为，系统是具有特定功能的、相互间具有有机联系的许多要素所构成的一个整体。由相互联系，相互作用具有特定功能的部件（要素、元素）组成的整体。该理论认为，运用运筹学的理论和方法以及电子计算机技术，对构成系统的各组成部分进行分析、预测、评价，最后进行综合，从而使该系统达到最优。系统工程学的根本目的是系统工程学通过人和计算机的配合，能充分发挥人的理解、分析、推理、评价、创造等能力的优势，又能利用计算机高速计算和跟踪能力，保证用最少的人力、物力和财力在最短的时间内达到系统的目标。该框架下，我们以最优规划、最优设计、最优管理为目的，以对系统（集团层面）的结构（各层级）、要素（业务）、信息的分析为基础，合理开发、设计和运行了 QHSE 监管信息化系统。

公司 QHSE 管理体系基于风险思维与 PDCA 循环，采用"策划（Plan）—实施（Do）—检查（Check）—改进（Act）"（PDCA 循环）的运行模式，应用于公司所有要素运行、管理过程、控制流程以及 QHSE 管理体系全过程，如图 3-4 所示。基于该逻辑导向，平台采用系统方法，以集团公司、油田公司相关 QHSE 管理规范、技术标准为基本框架进行系统要素整合，运用过程方法，兼容生产经营活动各环节 QHSE 风险管控的措施要求，融入业务管控流程和制度规则之中，形成公司 QHSE 监管信息化系统。

"Synthesis Management"作为整体工作循环中的轴承，强调的是，企业安全生产过程中，社会服务与生态服务的平衡，经济生产与自然生产的平衡，时间关联与空间关联的协调。结合生态学中的共轭生态理论视角，企业安全生产的最优标准应该是"按生态学的整体、协同、循环、自生原理"去系统规范。对生态环境有所改变的石油气公司来说，一方面，其综合管理离不开"资料管理、人员管理、考核管理、审核管理、培训管理"等各个方面的协调发展，综合保障方能使得企业安全生产。另一方面，从响应生态文明战略的角度来说，更应从时间、空间、

数量、结构、序理五个方面去调控企业发展对其赖以生存的生态支持系统的各种开发、利用、保护和修复活动，使复合生态系统的结构、格局、过程和功能得以高效、和谐、持续运行。企业安全生产不仅仅是企业的市场竞争力的提升，从哲学层面来讲，更是企业发展和生态保护社会责任动态的、辩证的共生关系和螺旋式上升的进化过程。

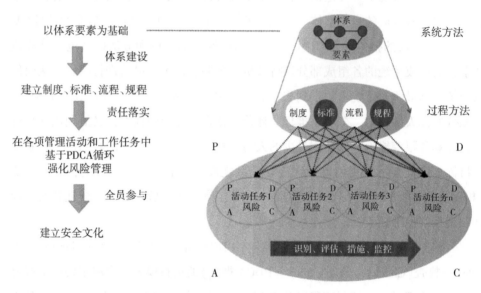

图 3-4　以过程为基础的 PDCA 管理模式

第二节　基 本 原 则

信息化带来了千载难逢的机遇，必须敏锐抓住信息化发展的历史机遇。党中央、国务院高度重视信息化工作，习近平总书记强调，没有信息化就没有现代化。"十四五"时期，信息化进入加快数字化发展、建设数字中国的新阶段，数字油田的建设刻不容缓。从油气藏发现、勘探、开采到油田企业经营管理产生的海量生产数据，不仅仅是油气企业经济发展的核心生产要素，更是国家重要资产和基础战略资源。经过学术界和实务界多年的共同研究，数字油田的性质和特征不断深化，对于油田管理各项业务的信息化集成水平进一步提高。与此同时，对于包括油田资源储存的数字储存及描述、勘探开发技术信息集合、管理平台信息集成在内的各类集约化数据要素的安全保护也受到油田企业的共同关注。

从企业自身建设来讲，企业安全监管信息化能够从根本上推进企业安全管理水平的提高和本质安全发展，是新时期提高安全监管水平的重要途径和必然选择。对于长庆油田来讲，信息化工作在企业的安全监管中发挥的主要作用表现在：一是，将传统的纸质台账转化为网络操作，信息化应用可有效提升安全生产决策过程的准确性和科学性；二是，使企业安全监管人员能够对企业的监管部门、作业人员及设备进行远程监督，实现了安全监管工作的扁平化；三是，静态监管转为动态监管的管理方式，提高了安全生产信息数据掌控的动态化。为实现服务油田企业的安全监管信息化工作，提高安全监管水平和效能，保障企业安全生产顺利进行，全面推进油田企业安全监管信息化建设工作势在必行。

国家"十四五"规划作为指导未来五年的国家发展的纲领性文件，重点强调要全面加强网络安全保障体系和能力建设、保障国家数据安全，加强个人信息保护以及建立数据资源产权、交易流通、跨境传输和安全保护等基础制度和标准规范，推动数据资源开发利用。在此建设背景下，长庆油田深入践行国家数据安全发展战略，探索创新路径，打造标杆示范，引导石油石化企业信息监管层面的数据安全技术推广和商业创新，搭建 QHSE 监管信息化系统整合平台。依托集团公司在用的 5 个 HSE 相关系统、公司相关部门已建在用、规划提升及规划建设的 25 个 QHSE 相关系统、相关单位自建的 11 个 QHSE 有关系统等各级业务平台，长庆油田 QHSE 监管信息化平台囊括勘探开发数据采集处理业务、地下地面一体化生产管理业务、油气集输、生产业务等业务链条收集一手业务数据，可以在更好地实现信息资源开发利用的同时保护业务数据，建构企业级的数据中心。同时有助于消除企业内信息孤岛，以周密安全的建立原则保证实现数据的共建共享，还能将所有企业层面数据纳入合理监管，为"中国长庆"特色创新发展注入新动能。

一、数据安全原则

（一）坚持顶层设计，落实安全战略

作为贯穿各个管理层级的信息化监管平台，其建设目标中最重要的一点就是数据安全。平台将企业级最小化单元系统都按照国家对工矿企业安全环保要求及信息化产业政策导向，以及长庆油田"数字化建设、智能化发展"转型规划及制度要求执行。系统目前主要建设 PC 端应用、APP 应用和大屏站式，具备动态监控风险管控措施落实、隐患排查任务推送、隐患排查治理情况跟踪监督、机制运行效果评估、异常状态自动预警及考核奖惩等功能。平台紧盯长庆油田 QHSE 业绩管理目标，坚持从顶层设计出发，结合长庆油田 QHSE 业务相关部门及单位信息化监管需求，将长庆油田的勘探开发、项目建设、生产组织、运行维护等业务范围功能实现数据化。

系统在设计时遵循安全性的原则，以石油勘探、开采作业安全管理要求为主线，通过对安全业务的事前、事中、事后的通知与预警 2 台的建设，在平台搭建的硬件层面，采用高可靠性的产品和技术，充分考虑整个系统运行的安全策略和机制，具有较强的容错能力和良好的恢复能力，可以有效保障系统安全、稳定、高效地运行。平台在安全设计中全面考虑网络安全、数据安全和业务流程安全，各级平台的功能架构依托标准化规范，遵循全业务覆盖、全岗位履责、全过程管理、全要素监督的原则进行设计。平台将安全生产管理作为设计核心，以数据融合为目标，以统一应用和集中管控为原则，采集相关基础数据、报警数据，共享安全生产管理大数据，进一步地实现了管理安全向运行安全、本质安全的趋势性转变。

(二)坚持业务规划，分步实现需求

平台设计理念主要有以下几个层面：从兼容的基础系统入手，保证 QHSE 监管信息化系统整合平台中各个职能，实现对安全生产的过程管理和控制；突出对一线安全动态的监管，重点关注一线项目安全流程，控制关键节点，通过引入实时视频监管，强化对作业现场的监管力度；引入业务流程管理，科学梳理管理流程，突出过程控制；实时安全管理信息交流与信息共享，发挥信息化系统的技术平台作用，为作业活动提供技术支持和服务。QHSE 监管信息化系统整合平台采用云原生架构，分布式云部署，微场景服务，私有化运营，一体化管理，可以实现系统的弹性部署、快速部署、快速上线。平台按照"四个统一"原则，构建统一的数字化底座、统一的应用中台、统一的消息聚合和统一的数据处理；具备应用架构统一、技术逻辑清晰、业务功能微服务化、弹性扩展能力突出的特点。从而不仅能够满足当前建设需求，又能够很好兼容已有和在建的其他信息化系统和数据，还能较好地适应未来业务、管理和技术的发展需要。

(三)坚持整体保障，数据分级保护

根据各个基础业务系统的重要程度以及面临的风险大小等因素，平台精准确定各类信息数据的安全保护级别，分级保护。平台在设计过程中，将信息保密的程度分为绝密、机密、秘密、普密；同时将用户操作权限大小分级为面向具体操作岗位的数据上报权限和面向公司不同管理级别的数据读取权限；结合不同的分类层级对网络安全程度进行分级，自上而下分为四级监管界面，分别为一级综合监管模块、二级5大领域监管模块、三级业务管理模块、四级岗位操作模块。各个层级提供全面的、可选的安全算法和安全体制，以满足网络中不同层次的各种实际需求。此外，管理权限可根据不同应用层级分别配置。

智能管控平台充分、全面、完整地对系统的安全漏洞和安全威胁进行分析、评估和检测(包括模拟攻击)的基础上，把安全处理的运算量减小或分摊，减少用户记忆、存储工作和安全服务器的存储量、计算量。平台还可实现对限制敏感信息的知情权加以限制，受保护的敏感信息只能在一定范围内被共享。为满足工作的需要，在法律和相关安全策略允许的前提下，平台对于一手数据加以"层级限制性开放"，即根据层级的不同，对于履行工作职责和职能的安全主体，仅被授予其访问信息的适当权限。在平台设计过程中引入了流程管理的概念，利用流程管理可以突出安全管理工作的过程控制。对各单位、各岗位的安全生产工作实行过程控制，使各级安全管理人员各负其责，进而实现安全管理工作的标准化、流程化、专业化。根据各厂各专业安全管理工作实际，平台还进一步强化了对基础管理工作的监管，突出一线基层项目部安全管理，并将项目安全管理提高到一个独立模块的层次。管理决策单元中，平台通过系统的数据汇总、统计、图表分析等功能，可以快速直观地汇总和分析安全管理数据，为应急管理或重大事项的领导决策提供必要支持。

二、数据规范原则

(一)坚持国家标准，契合企业实际

对于企业平台接口收集的各类数据，平台设计过程中严格遵守由国家信息中心联合国家科技基础条件平台中心、中国标准化研究院共同撰写的《GB/T 30522—2014 科技平台元数据标准化基本原则与方法》所提出的各领域元数据标准的标准化原则与流程、编写要求与描述方法。同时结合长庆油田数字化转型的各类成果及企业实际情况，在项目战略的规划阶段，从战略层面强调建立数据标准的重要性。在《中华人民共和国安全生产法(修订)》《中华人民共和国环境保护法(修订)》《中华人民共和国环境影响评价法(修订)》等法规的框架要求下，平台以长庆油田分公司 QHSE 相关管理制度、长庆油田分公司 QHSE 体系文件及长庆油田"数字化建设、智能化发展"相关管理、规划性文件为平台技术标准，将企业的"监控管理、监督管理、业务管理、专项管理、综合管理"为主要监管方面的业务有机整合到平台建设中来。

数据标准是进行数据标准化的主要依据。一套完备的数据标准体系可以建立底层数据的互通性，是开展平台接口中数据标准管理工作的基础，也是长庆油田各个 QHSE 信息系统间的"书同文，车同轨"。从数据标准管理有效性出发，基于对数据在支持业务运行、决策支持等活动中的重要性分析，制定相对应的数据标准。对于全流程业务，从企业项目的数据应用角度考虑，数据规范、数据标准应能支撑对汇聚数据的及时性、完整性和准确性的判断。作为数据质量规则建立的参考依据，可通过统一定义字段、类型和长度、特定版本的数据字典等，实现字段内容的质量检验；通过明确数据的归属责任，可追溯源头责任者以便整改。

(二)梳理业务场景，实现多系统共用

统一的数据标准分类、标准定义、数据标准命名与编码规范、数据标准制订与执行策略，以及配套的数据标准管理流程，是相关子系统业务通过 QHSE 监管信息化系统整合平台对于涵盖油气田开发全过程业务进行统一维护、发布和落地的基础条件。数据标准定义规范包括数据标准定义、数据标准分类以及数据标准的命名与编码规范。数据标准定义包括数据标准构成的业务属性、管理属性和技术属性；数据标准分类包括业务术语标准、数据元标准、参考数据标准、主数据标准、指标数据标准。对于 QHSE 监管信息化系统整合平台"监视监控、智能预警、辅助管理、在线应用、协同决策、展示共享"等六大功能的实现而言，各系统应采用标准数据接口，具有与其他信息系统进行数据交换和数据共享的能力。

在原有系统已经实现的业务数据抓取手段的基础上，结合各层级普遍关注的指标、要素、参数进行集成整合，为业务流程制定规范化抓取手段及数据格式，集成在不同层级的管理与应用界面，便于各层级的实时掌握、分析，同时实现各级管理层的信息共享。

对于平台最终实现的对质量、消防、环保等 5 项业务进行管理而言，到数据应用的阶段，将相对复杂、抽象的数据通过可视化的方法更加形象生动地表达内在信息和规律，完全可以实现大数据技术支持下的数据可视化。梳理油田公司重点关注的 QHSE 相关风险点、指标、参数进行排列布局，针对不同的指标排列组合精准匹配业务场景，借助地图看板、分时曲线、四色图卡、信息标签等展示方式，可以有效实现对 QHSE 重点环节的监视监控、信息共享。通过准确性、清晰度和完整性的业务一手数据，多系统共用元数据以不失真的方式呈现信息，平台可以有效减少信息传递成本，增强数据交互，重点展示核心数据指标，分析异常数据的问题原因，最后给出合理、准确的数据分析结论。同时平台还可对业务进行中的特殊情况做出及时、正确的响应，保证业务数据的完整性。考虑到业务未来发展的需要，平台的设计尽可能简明，并充分考虑旧有数据库系统的兼容性，提升各个功能模块间的耦合度，进而提升系统的扩展性。

(三)统一指标分析维度，系统方便易用

《数据安全法》中明确提出企业要"建立健全数据安全治理体系，提高数据安全保障能力"。对于 QHSE 监管信息化系统整合平台的数据而言，原本从各个平台沉淀汇集而来的数据，最优的处理方法即是在不转移数据的情况下充分发挥数据价值。业务部门主管人员按照工作程序，对 QHSE 绩效、履职业绩、考评台账、考评管理等信息进行维护管理，将考核结果用于 QHSE 体系的辅助管理。二级管理层面，针对 QHSE 人员管理、业绩考核、体系审核、培训管理、资料制度库等 5 项 QHSE 体系业务进行管理，实现对 QHSE 定期静态信息的综合分析与监管。对于业务层沉淀下来的数据，根据不同类型，如人员资质情况、业绩考核、审核问题专业分布等数据，制定明确的流转规则，明确数据输入输出的结构及格式，所有进入平台的数据均进行统一处理。围绕一个安全风险分析维度，项目组研发人员应梳理油气田开发全流程中业务事前、事中、事后各环节的业务信息，从基础信息、业务信息等梳理信息项形成风险信息图谱，为业务分析建模提供数据支持。

平台管理页面应实时显示业务多维信息，并直达公司架构层级，为公司管理部门了解业务规模趋势、业务发展质量、经营风险点提供了高效便捷的窗口，较原有的系统分散查看、报表手工报送模式，管理效率将有明显的改善。平台信息进行统一认证、处理，实现跨系统数据的一致性，依靠数据与算法实现企业经营信息及安全生产风险的预测分析，数字化智能决策让企业思维模式、决策模式、工具模式一起"聚变"，为企业数字化转型提速。同时基于安全风险的分析模型，平台及时精准风险预警，大幅提升长庆油田 QHSE 智能化监管水平，增强防范化解各类安全风险的管控能力和效率，夯实油气田高质量发展的安全生产防线。

第三节　保 障 措 施

一、组织保障

建立健全规划实施的指导协调机制，油田公司成立由相关专业人员和配套技术人员共同组成的长庆油田 QHSE 信息化监管平台项目组，统筹推进 QHSE 信息化监管平台的研发和实施工作。项目组以问题为导向开展实地实务调研，与专人进行访谈，收集二级单位应用、业务部门监管、公司决策层的实际需求编制平台开发规划。项目组根据各成员单位进行规划编制分工，以服务应用与管理为主线，结合不同的管理层级，配套编制和实施重点专项业务模块规划，并提出具有明确管理要素的平台架构实施计划，形成层次分明、定位清晰、功能互补的分工协作体系。项目组还提前与 QHSE 业务综合监管（QHSE 部）、直线管理部门（生产运行部、企管法规部、设备管理部、信访保卫部等）和监督、监理以及采油、采气、输油单位进行对接，提前设计并完善平台试行方案及运行意见反馈机制。

项目组坚持以快进场、创条件、保重点、早开工的指导思想，派遣前期人员深入作业现场、生产现场设营，梳理现场设备及数据来源，厘清流程风险点，积极做好项目组前期与各单位的协调沟通。同时项目组还根据平台总体进度目标，分解每个阶段进度节点，明确具体工作计划及任务，责任到人，进行检查、监督和考核。专人负责对项目进度进行把控，定期对各单位的工作实施进度进行考核，确保重点功能模块的开发按计划切实推进，防范平台集合过程中出现无法交付及平台交付后无法使用或者不符合生产实际的风险，全程按照 QHSE 相关技术规范进行过程性把控，防止出现监管真空，推动 QHSE 监管信息化系统整合平台开发计划的有序进行。

二、制度保障

长庆油田以完善安全机制为切入点，始终坚持公司对于安全风险管理"强基础、严监管、零容忍"的从严态势，层层压实质量健康安全环保责任。项目组以 QHSE 监管信息化系统整合平台的研发工作为抓手，在项目开展之前按照公司 QHSE 体系管理的相关标准、规范作为基础依据，按照体系管理思路对长庆油田 QHSE 监管信息化系统整合平台框架及应用功能进行梳理。通过平台建设的统一部署及安排，持续强化 QHSE 管理体系，不断提升管控能力和管控水平。

项目建设前期，按照长庆油田 QHSE 体系文件中要素和管理制度要求，对平台的每一类监管内容进行基础管理理论对应和应用实践认识梳理，并针对每一项功能模块完成与 QHSE 信息监管需求的对比。项目组根据项目总进度的目标要求，编制项目的总体施工部署，并将项目总体施工部署依次上报主管项目技术负责人、项目负责人审批。项目开工前将工程总体开发计划部署进行交底，要求各研发小组按此编制施工计划，上报监理单位审核。

项目进展过程中，项目组根据工程建设的需要，协调业务功能模块研发进度，尽量做到穿插施工。按照审核通过的项目总体计划编制月（包括赶工、整改）进度计划，并从设备、人员等各方面保证进度计划的顺利实施。对于平台研发监理单位所报事项，项目组负责人决定处理或提出具体意见后逐级上报处理，并定期向领导汇报项目工程的进度情况，以此作为管理决策的依据。对于数据生产端，所有一线生产部门应按照统一要求对 QHSE 业务报表进行在线填报、审查、上传。基于监督监理、生产单位、基层单位以及操作岗位工作需求，研发人员开发相关工作分发、填报、跟踪、统计、分析等功能模块，实现 QHSE 基础工作的在线应用。对于数据使用端，项目组负责人按照项目开发计划、项目开发进程定期汇报项目工程的进度情况，以此作为管理决策的依据。

三、资金保障

按规计付，打造项目安全屏障。项目组加强前期工作经费的使用管理，更加精准科学分配前期工作经费，真正把资金用到"刀刃上"，推动项目建设早开工、早建成、早见效。根据项目组工作计划和已签订的合同资金支付管理条例，项目进度把控人员做好统筹协调，密切关注项目合同工作量进程。项目组指定财务人员负责工作量核定及中间计量支付，严格按照企业管理制度中针对合同的内控制度要求，规范开展资金的拨付审核等工作。在施工进度计划中，根据项目实施的实际情况制定相对应的资金保障措施，项目组应预备满足项目进度要求的流动资金，合理规划项目各类成本和费用支出，最大限度发挥项目资金的效益，确保不因资金问题影响项目工期及开发进度。项目开展过程中，针对不同工作，项目组负责人应针对其轻、重、缓、急程度进行统筹安排，坚决保证项目关键节点、重点模块的工作量及软硬件资金分配。在项目组内部管理中，经过公司审核，由项目组负责人和财务人员共同负责把储备资金逐项分解落实到各系统、各模块的研发小组和个人的工作量，实行奖罚制度，确保项目平台研发过程中工作量充实且富有成效，避免产生虚报工作量盲目采购、积压资金现象严重等情况。

掌控项目进度的负责人及财务人员按照项目计划核定备用金，并加强对采购资金的跟踪管理，按月清理，以减少资金的垫支和使用。秉持项目资金使用效率最大化的原则，项目组应采取有效措施，控制开发能耗，节约各项费用。项目组指定专人把控项目进度，在正确编制开发计划上，严格按计划监督施工，把成本指标和各种主要材料、单项消耗指标纵横分解到各个业务模块和流程的开发工作段中。加强项目组对已完工作量及变更工作量的计量工作，工作组负责人和进度专门掌控的工作人员通力合作，确保研发人员的工作量及时形成计量，做到项目成果验收后，项目资金及时给付。项目组整体工作强化绩效管理，切实提高项目资金使用效益，筑牢项目资金安全防范最后一道防线。项目负责人的带领下，项目组指定财务人员与相关处室协同配合，通过加强项目进度目标实现情况与预算执行进度情况的监控及通报工作，严格落实重点项目资金绩效管理，做好绩效评价和评价结果应用。技术层面，项目组通过"合同约束+工作量审核+财务复核"

三重审核认证、专项银行转账时点控制等风险防控措施，从支付技术上确保系统网络环境安全，保障资金安全。

四、运行保障

在项目进行过程中，项目组应完全遵守"方案在前"的行动方针，原则上项目研发方案的变动应在经过项目负责人的审核后方可实施。在项目进展中遇到的问题，项目组应及时与所涉业务主管部门、直线部门、监督监理和二级单位进行沟通。作为项目的最终成果，最终调试完成平台应该将集团公司统建 QHSE 相关系统和勘探与生产分公司"安眼系统"需要上报指标和数据基本涵盖，实现与上级系统业务管理部门相关视频、指标、数据的精准推送与调用。为保证业务逻辑的实现，在平台初建完成时，项目组应及时确认推送与调用需求，实现与上级统建系统的互联互通。为切合生产实践，在平台试运行阶段，项目组指定专人推进相关部门及各单位试用情况，加快问题反馈，便于项目组及时对平台功能进行优化完善，加快开展智能管控移动应用的开发工作。同时，项目组专业技术人员持续开展深入调研摸排，与业务部门对接，确保平台在运行中改进、在改进中完善。

在项目开展过程中，项目负责人和平台研发人员协调完成质量、进度和项目效益之间的关系，时刻将质量放在第一位，在质量与工期以及成本之间，确保质量因素最大化完成。质量意识觉得质量行为，项目组严把"过程审核"的质量意识。在项目开展之前，项目负责人组织所有项目组成员学习公司管理制度、技术要求和规范等文件，培养项目组质量意识。在项目过程中具体技术人员与业务需求部门不断加强沟通，协作互进，使需求部门对接人充分参与项目每一个环节的讨论并提出解决方案，及时解决项目开展过程中遇到的问题，尤其是本项目的关键性问题，以确保本项目的服务质量。在重要的项目节点，定期组织项目讨论会、阶段性验收，由项目负责人和业务部门负责人把控项目阶段性成果质量。对于最终项目成果，邀请咨询专家提出专业意见和建议并及时修正，确保本项目高质量完成。

第四章　监控管理实现

本章主要围绕长庆油田 QHSE 业务内容之一"监控管理"方面相对应的五大业务进行描述与分析，分别为作业现场监控、生产现场监控、智慧交通预警、应急预警监控以及视频 AI 监控，将长庆油田"监控管理"方面的 5 项监管业务、18 项监管内容涉及的所有监管内容进行分层级、分类型、分功能进行梳理，在现有技术体系和政策的基础上，分析监控管理平台的现实需求和实践面向。长庆油田 QHSE 业务相关部门及单位对监控管理的需求主要包含长庆油田生产运行全过程的监控管理系统的搭建、数据分析功能的强化以及风险防控能力的提升。

在面向需求的基础上，本章对监控管理体系的业务实现进行探索，分别介绍了五个模块的功能设定、内涵探析以及预期效果，突出 QHSE 监管信息化系统整合平台下监控管理全程性、及时性、智能性的强大优势，构建具有特色的监控管理"长庆方案"。

第一节　监控管理的逻辑层级

近年来，相关部门高度重视视频监控系统的设计与创新，在细化视频监控运行规则、突出视频监控运行稳定性等方面制定并实施了系列的导向政策策略。长庆油田在创新视频监控系统运行环境，优化整合各类监控资源等方面进行了积极探索，对安全技术、安全管理等学科要素进行了高度融合，动态化的视频监控系统构造体系雏形初现。

一、过程控制下监控管理的底层逻辑

石油化工企业的生产运营具有自身特殊性，其所面临的潜在安全风险威胁因

素多种多样，各场景和环节之间存在千丝万缕联系，一旦发生风险，将会产生多米诺骨牌效应，因而对全方位全过程的监控与管理提出较高要求。统计过程控制理论(SPC)强调全过程监控、全系统参与，并且强调用统计技术来保证全过程的预防，减少不良结果的产生。实施 SPC 可以帮助企业实现"事前"预防和控制，对过程做出可靠评估；及时监控过程的情况以防止事故的发生；对危险进行预警，启动应急处置。视频监控系统是油田生产现场最重要的应用系统之一，其建设和管理是在 SPC 理论下进行的框架搭建，随着数字化建设的发展，长庆油田在井场、站点及重要传输点完成了视频前端建设，在作业区及厂部安装了中端视频监控系统，在公司层面部署了后端视频统一监控平台。

二、过程控制下监控管理的应用设计

过程控制要求对生产作业全过程进行监控，为了实现公司对生产单元即作业区的监管，24 小时全程识别和防范风险，保证安全、高质量的生产环境，对长庆油田的生产过程进行监控势在必行。结合石油企业生产过程的特殊性，可以将监控管理的场景分为无人值守站、油气井智能生产、全流程可视化监控、四维油藏模型、智能装备应用、人财物精准管理六个方面；结合石油企业生产过程的特殊性，可以按照具体业务分为作业现场、生产现场、智慧交通预警、应急预警监控、视频 AI 预警五个部分。不同的业务涵盖多种应用场景，同时实现公司、厂处、作业区三级联动，数据共享，形成"653"监控管理的应用框架。

（一）六场景范围交织

过程控制下监控管理的应用场景涵盖多环节、全流程，每个场景虽在不同环节的重要程度不同，但不是孤立存在的，相互之间有密切关联，因而需要通过 QHSE 监管信息化整合平台对全流程监控，筑牢安全链条。

"无人值守站"场景是场站环境监管环节的重要场景。依据输油站场类型，可以将无人值守站场改造分为四类：输油首站、中间热泵站、输油末站和油库。SCADA 系统实现了对流量、压力、温度、液位和含水等重要生产参数的自动检测、实时监。目前 SCADA 系统运行模式主要是：基于场站自动逻辑控制的远程控制模式和调度中心对关键参数监视相结合的方式。场站值班人员需要对场站单体设备进行远程操作控制，操作强度较大，通过 QHSE 监管信息化系统整合平台优化 SCADA 系统远程自动控制功能，可有效提高远程监控管理的有效性和可靠性，降低人为原因产生的不确定性或不安全因素，提高管道的运行效率和可靠性，进而降低管线的运行成本。

"四维油藏模型"是油气勘探储存环节的关键场景。长庆油田工作人员在油藏动态模拟计算过程中模型资源的采集、管控、标准化处理、可视化输出与动态计算等方面需求，利用 B/S 与 C/S 相结合的系统架构模式，开发了用于油藏动态模拟计算的资源管控系统。为持续优化提升四维油藏模型(CQMDS)软件功能和运行效率，实现在采油气厂推广应用，监控剩余油的情况，QHSE 监管信息化系统整合平台对油气勘探方面数据整合和监管，进而提升油藏动态模拟过程数据的采集与应用效率，提高模型资源再利用率。

"油气井智能生产"是油气生产作业环节的关键场景。日常作业生产中，需大量人员对井区内设施的生产运行状况等进行巡检，监管效率低且有盲点。因此在该场景下，QHSE 监管信息化系统整合平台通过监控管理，在油区关键位置、制高点建设智能视频监控点位，实现大范围监控油区生产情况，快速定位采油井、管汇、缓冲罐，观察现场生产情况。

"全流程可视化监控"这个关键场景是监控管理的重要阵地，在油区、重点站库等生产场所，当有重要措施作业需要事后现场操作复核、验证和检查必不可少。个别关键工艺节点的自控阀门、执行器，由于长期在高温、高压的环境中工作，操作指令下达后，可能出现执行器未执行动作或执行动作不到位的情况。在这些自控工艺关键点位布设智能视频监控点位，设置警戒区域，杜绝无关人员闯入，通过 DCS 系统远程下达控制指令，可以监控画面联动拍摄执行器动作对执行指令结果进行生产复核，为安全生产提供智能保障。

"智能装备"是以"智能油田"建设为代表的技术革命的重要组成部分。通过现代化的信息技术手段，将种类繁杂、数量众多的油气田各类设备进行数字化建模，形成油气田装备全生命周期大数据库，实现每一种设备从进入油气田使用环节直至报废的全过程所有活动和状态的数字信息管理，并利用设备电子标签进行实时管理和巡查。QHSE 监管信息化系统整合平台的监控管理对智能装备场景进行过程控制，对油气资源勘探、开采、生产等作业过程中的设备高风险因素进行实时监测，并根据大数据库综合计算信息进行风险等级预警，并可采取相应的规避措施和策略，最大程度减少在这些作业环境中的危险因素对设备、人员、环境、油气井及资源的伤害。

"人财物精准管理"是在全流程中都应关注的场景。安全监控管理要实现人的安全监控与物的安全监控相结合，QHSE 监管信息化系统整合平台通过"过程控制"，对人的行为进行追踪和监控，确保作业流程符合标准；对物的储存和使用过程全程控制，减少危险状况的发生；对固定资产等财产和设备耗损等进行监控，减少损失和浪费，提升生产效率。

根据视频智能分析应用场景，结合智能技术，长庆油田可以将监控管理向"全过程"控制过渡，满足集团总部视频智能融合应用的需求；依托视频数据样本，开展算法研究和业务场景 AI 算法模型训练，提高识别精度，发挥 AI 智能算法应用价值，降低智能化推广成本，积累建设、接入、使用等相关经验，能够助力集团公司数字化转型、智能化发展工作的落地。

(二)五业务全程监控

《中共中央国务院关于推进安全生产领域改革发展的意见》强调，企业要建立风险评估制度，定期组织全体员工开展全过程、全方位的危害辨识、风险评估，严格落实管控措施；针对高风险工艺、高风险设备、高风险场所、高风险岗位和高风险物品，建立分级管控制度，制定落实安全操作规程，防止风险演变引发事故。由于一些事故发生呈现由高危行业领域向其他行业领域蔓延趋势，公共安全也面临威胁。习近平总书记做出重要指示："要坚持标本兼治，坚持关口前移，加强日常防范，加强源头治理、前端处理，建立健全公共安全形势分析制度，及时清除公共安全隐患。"

无论是安全生产领域还是公共安全领域，在防范风险时都需要进行综合的监控和管理，实现"标本兼治""日常防范""关口前移""源头治理""前端处理"五个方面的统一，在对政策的总结和提炼基础上，结合长庆油田 QHSE 监控管理业务全覆盖原则，将作业现场、生产现场、智慧交通、应急预警、视频 AI 预警几个方面统一起来，纳入监控管理的控制过程。

长庆油田 QHSE 监管信息化系统整合平台对作业现场和生产现场的监控是常

规性的，可以通过音视频监控记录生产过程，对生产程序是否符合作业准则进行及时、可靠的评估；油田公司产品输送通常通过管线、车辆，在移动状态下适合智慧交通预警，及时、准确捕捉到移动轨迹，提高油田生产区域安全防护等级，完善油田公路通行车辆的监管手段，对过往车辆信息识别记录，外部车辆主动发出报警，实现油区车辆的有效管控，保障油田生产安全的同时有效提高各类事件的可追溯性；生产过程中难免出现突发事件，为了更好地"事前"预防和迅速反应，对于重点风险点要重点监控，应用视频 AI 预警可以有效提升应急管理水平，同时对应急物资、队伍及设备的数量和状况实施追踪和记录。

（三）三层级数据共享

三层级指的是公司级、厂处级、作业区级。在 QHSE 监管信息化系统整合平台中，监控管理除了能"记录和追踪"生产过程，还具备分析、评估的功能，通过链路到油田公司 OCEM 的作业现场视频操控界面，对异常的指标进行分析和预警，并通过监控大屏展示给公司层面，以信息化和自动化替代了大量的重复检测和验证工作。为了实现公司对生产单元即作业区的监管，全程识别和防范风险，保证安全、高质量的生产环境，需要对长庆油田的作业过程进行监控。作业现场具有人员多、流程细的特点，因而需要在日常对其进行监控和检查（见表 4-1）。

监控管理平台包含了地图看板、作业现场监控、高风险作业情况、应急预警监控、智慧交警预警、智能视频预警、生产现场监控 7 个版面，对每日非常规作业情况，钻、试、测、录、修作业的视频接入及监控情况，井场、站库及"双高区"的视频接入及监控情况，高风险作业分类、分单位实施情况，油气泄漏、气云成像、光纤振动、交通异常信息等显示预警信息。QHSE 监管信息化系统整合平台监控管理体系主要依托作业、生产现场固定视频摄像头和移动布控球，通过平台集成，实现对作业过程、生产状况、"双高"风险点等现场的实时监视监控。同时，依托生产现场附加 AI 算法的高清摄像头和监测仪器、感应探头（泄漏监测、可燃气检测、火焰探测、气云成像）等设备，实现对风险点的预警防控。具体监控指标如下。

为了使公司监管部门的人员更直观和及时掌握各作业现场的情况，QHSE 平台对用户界面进行了升级。用户界面（UI）是 QHSE 监管信息化系统整合平台与用户之间进行交互和信息交换的媒介，是用户直接操作、直观感受、近距离体验的作业对象，发挥着无差别数据传递、最优化信息展示、友好性人机交互的作用。QHSE 平台用户界面(UI)层级整体按照四级界面进行设置：一级界面为综合展示界面，二级界面为监控管理、监督管理、业务管理、专项管理、综合管理 5 个监管方面展示界面，三级界面为各监管业务展示界面，其中监控管理有 5 项，四级界面为数据录入操作界面。在油田公司级，UI 的展示主题以整体监管为主，关注重点风险防范指标。

表 4-1　　　　QHSE 监管信息化系统整合平台监控管理指标

监 控 级 别	相 应 指 标
公司级	场站四色风险
	危险源
	非常规作业
	重点防火部位分布
厂处级	智能视频预警
	应急预警监控
	智慧交通预警
	当日非常规作业情况
	当日非常规现场监控视频
	非常规作业年累计
	高风险作业年累计
	非常规作业分单位统计情况
作业区级	预警级别
	预警厂区及站点
	识别部位
	预警类型
	预警现场视频
	预警处理记录

　　监控管理的二级展示界面中展示数据包括视频信息、静态信息、统计分析。视频信息主要立足于现场，在作业现场利用监控设备采集视频，主要关注非常规作业现场情况、措施落实情况作业、现场环境敏感点监控，聚焦关键风险点，实时掌握作业现场动态。静态信息针对变动不大的作业情况，一般申报后不会随意更改，比如非常规作业中A类作业现场派发数、未派发数量，主要是将其统计方便查看。静态信息展示页面还会针对火灾重点部位进行监控，主要是为了更直观地展示哪些作业区的安全需要更加注意。统计分析是在静态信息的基础上采用某些算法进行自动分析和数据加工后展示出来的，包括分析判断非常规作业分布（A级/B级/C级），分析判断作业的类型，主要是动火作业、受限空间等不同作业风险等级分布情况。此外按照A、B、C类分布情况将各厂当前开展作业情况进行统计和展示。作业现场监控管理的三级展示界面分别是作业现场监控、工程质量监控、环境敏感点监控三项监管业务的展示界面。点击二级界面"监控管理"中的"作业现场监控"，直接链路到油田公司OCEM的"作业现场监控"展示界面。四级界面为了实现数据录入操作，点击三级界面"作业现场监控"，直接链路到油田公司OCEM的作业现场视频操控界面（见图4-1）。

图4-1　QHSE监管信息化系统整合平台监控管理模块

第二节　监管信息化的现实递归

一、监控管理平台的现实基础

（一）"四位一体"的数字化安全技术体系

1. 业务内容

长庆油田以安全生产为目标，通过引进、创新、集成、运用数字化、智能化技术，实施机械化换人、数字化减人、智能化管控，构建"安全预警、主动防护、紧急处置、平台管控"四位一体的长庆油田数字化安全技术体系，实现对"井、站、线"的精准预警、生产过程的主动监控、紧急情况的远程处置、安全业务的信息化管理（见表4-2）。经梳理，监控管理包括5项监管业务、18项监管内容。作业现场业务的监管内容分别是作业现场监控、工程质量监控、环境敏感点监控；生产现场业务的监控内容分别是生产现场监控、生产场所风险点监控、生产场所物资保障点监控；智慧交通监控业务的监管内容分别是车辆监控、危险品转移监控、管线巡检设备监控、突发事故事件现场定位；应急预警监控业务的监管内容分别是重点风险点监控、应急物资储存点监控、应急队伍及设备监控、应急预警监控视频；AI预警业务的监管内容分别是污染源分布监控、在线监测设备监控、在线监测信息监管、远程控制监管。

表4-2　　　　　　　长庆油田监控平台系统整合开发现状

集成整合业务	建设或主管部门	状　态
作业现场监控	生产运行部	在用
生产现场监控	生产运行部	在用
GPS 监控	生产运行部	在用
污染源监控	质量安全环保部	同批建设
应急预警监控	生产运行部	在用

2. 技术支撑

监控管理的实现与技术密切相关，特别是油气田"井、站、线"全流程可视化安全系列预警技术。

（1）电子巡井技术。主要包含油井工况诊断和功图计量技术、井场视频智能分析与控制技术、油水井远程控制技术。功图数据采集技术由功图采集设备和数据处理模块组成。功图采集设备由安装在抽油机上的载荷传感器和角位移传感器组成，主要功能是实时采集并口载荷和位移数据，并传输到数据处理 RTU。

（2）动环境下的 AI 视频智能分析技术。视频监控是油田生产现场最重要的应用系统之一，随着长庆油田无人值守站及作业区"大监控"模式的探索创新，现有的视频监控存在视频采集设备种类多、码流不统一、监控数据利用率低、安全风险无法自动识别、人工监控分析费时费力、告警信息误报多等问题。通过将目标物图像切割成大量像素点进行标注，模拟神经网络建立数据计算模型，将已标注的目标物送入数据模型进行训练，生成目标物模型，采集图像与目标物模型对比分析，实现对生产现场人员、车辆、烟火、动物、漏油、设备、动作状态等七大类异常状态的准确识别与报警自动推送。

（3）监控管理关键技术是兼容型技术架构。以现有视频监控体系为基础，将人工智能分析核心模块植入视频监控网络，对所有视频流数据进行大数据智能分析，并对分析结果进行有效利用。此外还有动态物体识别技术可以基于已经标注的源域数据（Source Samples），快速构建神经网络模型，通过采集图像与神经网络模型对比分析，实现不同分布但任务相同的目标域数据（Target Samples）的检测识别。由于烟火对油田作业现场的危害较为严重，所以通过烟火识别技术来监控作业区的动态，每两秒采集一张图片，对两张图片的像素值做插值计算，如果两张图片的插值为零则场景内未发生变化，如果插值不为零，再等待 5 秒后，变化部分不断变大，使用图像切割方法，切割出有变化部分，根据火的颜色等特点进行判断是否是火。针对朝霞、晚霞、车灯等影响因素，建立神经网络模型，进行检测，记录检测。同样，漏油识别技术每两秒采集一张图片，对两张图片的像素值做插值计算，如果两张图片的插值为零则场景内未发生变化，如果插值不为零，再等待 10 秒后，变化部分不断变大，使用图像切割方法，切割出有变化的部分，根据石油的颜色等特点判断是否漏油。

（4）机器视觉检测技术。这是利用红外成像原理开发出的一种无损监测技术，伴随着人工智能与深度学习的发展，尤其是当下网络条件推动远程监控手段不断迈向精准运用的更高水平，这些已成为研究热点，并且产生了越来越多的技术革新。机器视觉监测系统具有不仅高度自动化且检测目标明确的特点，又因为和传统监控方式相比，具有非接触式的特点，特别适用于封闭储存状态下的石油安全监测，比起以"人"为主体的接触式监测来说具有更高的精确度，因此更适合广泛应用于石油储存的在线监测。石油安全存储监测不仅可以利用机器视觉技术和量化的性能指标检测，还可以运用图像增强技术对监控图像进一步进行处理（具体步骤为：图像采集→图像传输→图像处理→泄露识别定位），判别是否泄漏以及泄漏定位。高度的自动化与精确性可以减少人工检测的劳动强度的同时减少不必要的劳动力浪费，达到安全可靠存储石油的目的。

（5）场站危险气体检测预警技术。油气田生产介质原油、天然气均属于易燃易爆品，泄漏极易产生火灾危害事故，且生产过程中压力容器、锅炉等特种设备多达 1.5 万余台，工艺过程的安全可靠、生产设备的正常运行、紧急情况下的智能化保护措施十分必要，针对场站安全预警开展技术攻关，建立场站危险气体检测预警技术体系。

（二）自上而下的"监控管理"政策合力

监控管理平台的搭建基础不仅包括已有数字化技术，还包含了相关法律、政策、法规等对于监控安全生产的具体要求。

（1）2011 年 3 月交通运输部、公安部、国家安监总局、工业和信息化部联合下发《关于加强道路运输车辆动态监管工作的通知》，要求必须为"两客一危"车辆安装符合《道路运输车辆卫星定位系统车载终端技术要求》（JTT794—2011）的卫星定位装置，并接入全国重点营运车辆联网联控系统，保证车辆监控数据准确、实时、完整地传输，确保车载卫星定位装置工作正常、数据准确、监控有效。

（2）《中华人民共和国安全生产法》（2014 年修订）第三十七条规定，生产经营单位对重大危险源应当登记建档，进行定期检测、评估、监控，并制定应急预案，告知从业人员和相关人员在紧急情况下应当采取的应急措施。

(3)2022年应急管理部办公厅印发《化工园区安全风险智能化管控平台建设指南(试行)》,要求推动物联网、大数据、云计算、人工智能(AI)、5G等新一代信息技术与化工园区安全风险管控深度融合,建设化工园区安全风险智能化管控平台(以下简称化工园区智能化管控平台),推进化工园区安全风险管控信息化、数字化、网络化、智能化,对于高效推动化工行业和化工园区质量变革、效率变革、动力变革,具有重要意义。

(4)场站工艺一体化过程安全自动控制建设是维系平台功能的基础。2016—2021年,长庆油田先后牵头编制《油气田地面工程数据采集与监控系统设计规范(SY/T 7352—2016)》等2项行业标准,授权《一种伴生气分液计量一体化集成装置》等5项专利;监控过程技术的设计走在行业前列。

(5)2021年长庆油田针对QHSE平台使用制定了《长庆油田公司QHSE管理手册(2021版)》,为油田安全生产实现智能化监管提供了基本业务指引。

二、监控管理平台的实践面向

(一)做细做实监控管理系统

长庆油田由于存在二级单位采用的摄像头种类复杂,模拟和数字并存,码流数据规范不统一,数据接口种类多,无法进行统一视频分析等问题,需要优化系统功能,做细做实监控管理。

在经济社会发展的新形势下,视频监控系统的系统性与整体性更加突出,无论是在内涵功能方面,还是在价值作用方面,均被提升到了新的高度。在视频监控系统设计中,必要的事前需求分析至关重要,可有效把握系统石油化工企业的实际要求,通过需求分析方法,可计算出视频监控系统的各项性能指标均值,作为量化评价标准,有针对性地进行系统设计。系统功能是视频监控系统的关键考量因素,在满足视频监控需求、迎合石油企业期待等方面作用显著,长庆油田拟根据需求分析结论,确定视频监控系统设计平台,通过信息交互模式,在客户端与服务器端实现视频监控数据传递,保持数据同步,进行必要沟通。视频监控系统的性能关乎系统成败与现实体验,重点把握三个方面,即系统响应时间、美观便捷的人机交互界面以及资源占用率。

在整个视频监控系统设计中，应首先把握安全防范系统的先进性、合理性、主流性等基本原则要求，确保监控系统的可拓展能力，并在维护运行管理中简便易行。在石油化工企业生产运行环境的导向下，视频监控系统可采用分布式集中管理的视频监控方式，将相对分散的监控功能资源要素予以统筹整合，对各类不同的安保风险因素予以差异化处理。

(二)做精做优数据分析功能

在整体石油炼油企业的生产监控和管理系统中，要实现对基础生产装置和基本操作条件的优化监督，并对整体的物料平衡和质量分析进行细致化的实时记录，从而满足基本的监控和管理体制。主要的监控与管理结构是针对数据的异常报警、历史的基本趋势分析、数据的合理化更新、数据的实时查询以及数据的整体备份。在针对数据异常的报警中，是实现对基础温度、压力以及流量的监管和生产布置，对基础运行状况以及参数进行精细化的分析，当出现不适宜的情况时要及时报警，能有效提示不良故障，辅助相关监督和管理人员利用相应的措施进行及时的纠偏。在对历史趋势进行分析时，要对整体生产装置的测线收率以及馏出口的基础合格率进行数据的对比和分析，按照定期制定的计划进行分析图的有效输出，能直观地进行数据的分析和整理，保证监督和管理人员及时了解项目的运行动态，从而平衡整体产业项目的生产数量。对于数据的基础更新，能实现对客户需求的最大化满足，并对整体的数据进行及时的更新和修改，保证基础数据的实时有效和实时准确。在对基础数据的处理和查询中，要保证对当前数据和历史发展数据形成有效的数据对比和分析。另外，在对基础数据进行备份的过程中，要提供各个时期的基础数据，并进行第一时间备份。

(三)做快做强风险防控能力

在传统的制造业中，设备的操作和信息记录均需要现场操作人员手动进行，设备及程序的维护保养需要设备生产厂家的专业工程师在现场进行。随着生产设备的复杂化和地域分布的分散化，这种传统的生产、维护模式逐渐暴露出了生产效率低下、维护成本高昂的缺点。随着计算机技术和自动控制技术的发展，制造业的数字化、网络化和智能化发展成为《中国制造2025》的制高点、突破口和主攻方向，也是新一轮工业革命的核心技术。远程监控系统作为数字化、网络化和智能化发展的一个基础技术，在石油生产领域中扮演着越来越重要的角色，从生产角度来看，远程监控系统不仅能够实时反映采油设备的运行状况、记录重要工况信息，大大提高了设备管理效率；从设备运行角度来看，远程监控系统对生产现场设备的运行情况进行监督，实现对工况参数、设备健康状况的实时把握，在设备出现故障或是需要维护时，工程师可以直接进行远程操作，不仅缩短了维护时间，而且降低了成本。

QHSE 监管信息化系统整合平台紧扣基层现场需求，围绕提高工作效率、降低现场施工作业风险，保障安全生产。主要依托作业、生产现场固定视频摄像头和移动布控球，通过平台集成，实现对作业过程、生产状况、"双高"风险点等现场的实时监视监控。

第三节　监控管理体系的优化探索

一、以作业现场监控统一视频信息分析

（一）功能设定与内涵探析

在平台作用方面，最常态化的监管是对"钻、试、测、录、修"以及非常规作业进行实时监控。通过作业现场监控，实现作业标准化管理、风险库管理；对承包商评价及画像；全面评估及多维统计分析。为了确保工程安全，进行工程质量监控，对工程现场远程监控，并且通过平台实现远程技术支持与决策，将监控信息传递到公司级进行工程质量及风险分析。除此之外，公司级作业现场环境敏感点离不开环境敏感点监控的发挥。作业现场监控功能设定如下：

不安全因素自动识别。该功能将钻井队监控摄像头实时视频流通过网络传输到视频信息分析超算器中，基于计算机视觉技术对现场设备、工具、人员进行结构化分析，自动判断不安全因素，支持钻井作业现场典型隐患、违章自动识别。

实时报警功能。系统在发现隐患、违章后按照管辖范围自动在软件界面进行

报警，同时作业现场报警器进行声光语音报警，解决违章发现后传达耗时长，违章无法得到及时制止和纠正的问题，达到预防性监督。

数据储存及统计分析。系统将辨识出的隐患、违章视频数据自动截取并存入数据库中，监控人员及相关管理人员可随时查看历史数据，集成的数据统计分析模块，能够对发现的不安全因素按类型、井队、发生时间自动统计分析。

管理功能。涵盖视频源管理、设备管理，能够根据需要展示某一作业现场实时智能分析视频，完成对视频图像分析超算器、现场报警器的任务分配及管理。

(二)预期效果

作业现场日常运行维护过程中存在大量的非常规作业和危险作业，如动火、受限空间等作业时提前办理票据、作业现场要求由监护人员在场操作。传统的管理模式，办理业务等要多方签字确认，效率低，现场监督工作量大，监督人员不足，因此长庆油田开发了基于人脸作业全流程管控的智能管理系统。利用现有智能移动终端方便的优势，实现作业票据的移动办理。同时通过对现场监控资源进行整合(工业提颤、无线提像机、无线气体检测仪)，实现对作业点的运程监护、运程监督，目前已在个别单位试运行。

QHSE 监管信息化系统整合平台以整体监控为主，关注统计分析、趋势和重点风险源。目前已集成 3.8 万路视频监控，对 3 万余个井场，2800 余座场站进行实时监控；649 条输油管线实现在线泄漏监测，583 处双高区管道实现视频监控。未来需要利用可视化技术，开发大安全监管平台，实现了集"场景+业务+内容+要素"于一体的安全信息化监管。监控管理的实现离不开对数据的采集和分析，因而要规范数据采集，基于实时监测终端、移动应用等，各类数据标准化一次采集。重点实时采集，对高风险连续管作业的数据实时采集。精准预警报警：实现对连续管的疲劳、缺陷、健康状态等综合评估、预警报警。

集成整合系统建成，实现生产、作业、运输、安全、预警多方面监督。目前归属于生产运行部的作业现场监控、生产现场监控、GPS 监控应急预警监控已经在用，而属于质量安全环保部的污染源监控还在同批建设中，建成后将实现"五位一体"的全方位监督。

二、以生产现场监控实现层级管理模式

(一)功能设定与内涵探析

生产现场监控主要对生产过程、设备设施以及"双高"区域进行实时监控。生产现场视频监控系统可实现以下应用功能。

全天候监控功能。系统中采用定点枪机监控围墙。晚上保障视频效果的方式一般有两种,摄像机带红外灯或者配置补光灯。考虑到红外在晚上的效果无法达到视频分析的要求,所以每个监控杆上配置两台补光灯,补光监控区域,监控区域夜间的亮度达到 5LUX 以上,实时监控周界区域的状况。球机带有红外功能,可对大门口位置进行巡航监控。

高清晰度成像。系统前端部署高清晰度摄像机,分辨率达到 720p,设备采用高清晰度成像技术对周界实施监控。

前端设备控制。系统可手动控制云台的转动、镜头的变倍、聚焦等操作,实现对目标的细致观察和抓拍的需要。

分级管理。系统记录配置、操作客户端的信息,包括用户名、密码和用户权限,在客户端访问监控系统前执行登录验证功能。

报警联动功能。视频监控系统是以综合管理管理平台为基础,建立起一套完善的、功能强大的技术防范体系,系统对各监控点进行有效布防,当发生报警情形时,报警信息会被及时传输到监控中心,使管理人员能第一时间了解现场情况。以满足对站场安全和管理的需要,配合人员管理,实现人防与安防的统一与协调。

回放查询功能。系统在有突发事件时可以及时调看现场画面并进行实时录像,记录事件发生时间、地点、及时报警联动相关部门和人员进行处理,事后可对事件发生的视频资料进行查询分析。

电子地图功能。系统支持多级电子地图,可以将区域的平面电子地图以可视化方式呈现每一个监控点的安装位置、报警点位置、设备状态等,有利于操作员方便快捷地调用视频图像。

（二）预期效果

生产现场监控以工作执行和数据采集为主，关注数据准确性和完整性，在现场监控、工程质量监控、环境敏感点监控、精准报警、闭环处置这五个方面实现规范管理。现场监控预期效果有实现作业现场交底及作业票在线审核、作业现场风险处置、作业现场音视频监控及数据记录、旁站监护、取证、监督整改。工程质量监控预期效果是实现现场监督检查、取证记录；实现工程现场 HSE 巡检和工程现场音视频监控。环境敏感点监控的预期效果是通过平台对环境敏感点监测数据采集，将应急处置及过程数据上报。主要针对联合站以下管线数量多、管网复杂、流态不稳定的工况，通过区域性集群式泄漏监测，实现对多条管线的集中监控、预警，大幅提升监控效率。精准报警的预期效果表现在实现现场实测最快响应时间 10s，最小监测报警泄漏量 $0.001m^3/min$；对危险情况分级推送，建立"中心站—调度室—作业区经理"层级推送报警信息。在闭环处置方面，预期形成"查找问题—分析原因—制定措施—督促落实"的闭环处置流程。

生产现场监控业务在监控管理中主要是以视频信息形式呈现。三级界面展示在生产现场利用监控设备采集视频，主要关注生产现场监控、生产场所风险点监控视频，还可以通过智能预警模块将智能预警事件、已处理事件、现场视频进行展示。生产视频监控系统由三级生产视频监控平台构成。生产视频监控平台整体部署在生产网，采用公司级平台、二级单位平台、三级单位平台三级树形级联架构。系统管理模式为：公司生产视频监控平台管理下属各二级单位即厂处级，各二级单位分别管理其下属三级单位，即作业区。在生产视频监控系统内，用户权限的优先级由上往下逐级递增，这样的设计是遵循属地管理原则，三级单位对生产现场直接负责，故需要更高的控制权以获得管理所需的视频数据，而上级单位则较少对现场进行直接指挥，所以权限排在三级单位之后。三级平台作为最接近前端监控系统的管理平台，承担井站和场站的安全生产的主要责任，在整个系统架构中承担着非常重要的角色，负责管理和控制前端设备资源，并具有将前端上传的图像资源分发给上级平台的功能。公司级平台和二级单位平台作为上级平台，可以实时预览前端图像资源，查询和回放录像，控制前端摄像机云台状态，但如果与下级平台同时操作云台，由于下级平台权限较高，上级平台的操作指令将不会被执行。

依据国家标准、行业标准、企业标准和油田公司相关规章制度，长庆油田对施工过程关键工序进行结构化分解，明确检查要素，优化采集填报手段和关键控制环节，对井控质量安全环保监督要素进行分类整理，将钻井、录井、测井、试油(气)和修井作业工序监督检查内容标准化、表单化、信息化。通过固化监督检查内容，按照标准化检查清单，实现 5 个专业、286 道工序 3422 项检查内容移动端监督管理，解决监督"不会查、查不全、不会改、改不对"的问题。监督依标、依表逐项检查，排查作业现场隐患，通过手持终端实时上传检查数据。压实层级管理责任，强化监督履职尽责，促进管理模式提升，确保井简作业风险全面受控。

三、以智慧交通预警保障人车安全管理

(一)功能设定与内涵探析

在充分考虑石油化工企业员工、物资进出通道及区域的基础上，QHSE 监管信息化系统整合平台对停车场系统进行设计，通过运用自动车牌识别设备，对出入停车场的车辆信息进行读取，并对数据资料进行汇总整理，实现车辆出入信息的动态化监控。在入口控制机和出口控制机的信息读取功能下，将车辆信息传入管理主机，管理主机根据车辆授权状况，对停车场的出入口道闸进行控制，完成车辆入场和出场的整个过程。配置停车场系统管理软件，按照分级管理模式，分别实现系统自检及自恢复、视频录像存储、自主传输、实时视频、摄像头状态及干扰智能检测、车辆报警、双向语音对讲、一键按钮求助功能。

系统自检及自恢复功能。油品运输车辆在出车前，系统应对视频系统是否正常运行实现快速自检。包括智能主机，摄像头是否正常运行，摄像头是否需要清洁，5G/Wi-Fi 网络正常，后台确认后，发出对讲信号，提示车辆可以正常出车。系统运行中，出现异常死机或其他异常情况，自动重启恢复系统。并提交报警信号给后台。

视频录像存储。油品运输车辆在运行途中，通过智能主机硬盘本地存储 6 路摄像头实时录像及可选择的网络传输存储。同时，对不同类型的视频进行颜色标

注区分。

自主传输。车场部署 Wi-Fi 基站，车辆到达车厂时，启动智能车载终端可通过 Wi-Fi 无线模块与部署在站内的无线视频收发器通讯，自动将录像资料上传至监控平台存储服务器，不需人工操作。同时支持断点续传。车辆到达车厂并熄火后，车载终端通过充电电瓶继续录像，直至电瓶耗电完毕自动关机。建立数据中心，各车场数据通过有线方式统一传输存储到数据中心，加油站可查询、调取、取证。

实时视频。利用目前较先进的 5G 网络，实时传输视频，客户通过该视频准确直观地了解车内及车外情况。最多支持 6~8 路摄像头，用户根据需要选择安装几路，并通过切换通道可选择对哪路视频实时查看。

摄像头状态及干扰智能检测。摄像头的画面通过主机智能识别分析，及时发现摄像机被人为喷涂、散焦、摄像头脏、图像不清晰等情况，并产生警报信息到后台。

车辆报警。在运输过程中对油品运输异常行为以及一些特定事件(如油品偷盗/换取行为、车辆异常行驶等)进行视频及数据的记录，车载控制主机智能判断各项报警条件，如达到车辆动态运行设定最高时速，最低时速、停车、人为靠近车辆特定区域，通过网络的以图片形式将数据传输至车队服务器，后台根据图片信息手动选择观看哪路实时录像。

双向语音对讲。车载智能主机具有双向语音对讲接口，可以实现司机与后台的语音对讲，实时接收车辆报警信息。

一键按钮求助。当发生紧急情况时，如各种灾害或者司机，车辆状态异常时，(如漏油、冒烟等)，一键报警，及时地向后台发出警情，避免恶性事件的发生。

(二)预期效果

交通运行状况监测和突发事件预防预警是长庆油田各级场站管理单位的重要职责。传统监测方式主要有视频巡查、信息报送等人工方式和运行监测与应急处置平台等自动化方式，将 QHSE 监管信息化系统整合平台加入智慧交通预警，为了实现如下效果。

监督责任落实。采用实时监控的形式，对职责范围内的车辆进行各方面的日常监督，与此同时，采用分级分类指南对交通监督的次数，进行明确的要求，做到员工之间分工明确，工作上人人有责，确保监督工作将缺点降到最低。

实现安全专项整治。在对于专项的整治上不仅要做好日常交通检查的工作，还要不定期地调用工作人员，进行集中化的监督体系，组织开展交通安全专项整治，需要及时发现、督促整合改变交通隐患，有效降低交通运行风险。

严格监控驾驶行为。在车辆安全驾驶中，驾驶员是关键的要素之一。只有针对在驾驶中可能发生的影响因素做好预防措施，对于预防人不安全行为的出现，每过一段时间就进行专项的交通检查，主要是对驾驶人员与所配的车辆进行安全合同签署、对于新进的驾驶人员是否已经培训过进行检查。

四、以应急预警监控支撑监测处置事故

（一）功能设定与内涵探析

应急管理是国家治理体系和治理能力的重要组成部分，而智慧应急是将新一代信息技术综合运用在安全事故的风险评估与预防、监测预测预警、应急处置与救援、综合保障等环节，通过信息技术赋能，将应急的各个环节连通并集成，全面提升对各类安全事故应急的智慧化、精准化水平。长庆油田公司对应急管理的监控实现监管信息化，也是为了实现监测和预警功能。

红外实时监测。石油具有易蒸发性、易泄漏、扩散、积聚性等特点，其储存中的安全检测就需要较高的技术条件；但通过传统监控手段进行检测和监控，当石油还未引起火灾爆炸反应之前，各种安全隐患并不容易监控到。因此，考虑到石油蒸汽与空气密度差的问题，基于红外热成像测温原理，对石油储存区进行红外监控，应用图像处理技术对监控图像进行图像增强处理，通过分析红外图像的变化，可以实现对石油储存高效安全监测的目的。

协同预警。通过实时采集传输施工过程中的压力、排量等关键数据及视频，自动在线生成数据曲线、发现施工异常及时预警。其所具有的多并多段曲线比对分析功能，实现了跨单位跨部门技术人员协同远程决策、优化分析施工参数，进一步提升了施工作业质量，形成了"少人多井"的无技术支持模式，大幅度提高

了支撑效率。以压裂施工为例，油气压裂工程监控系统主要由采集客户端、数据传输系统、数据服务器和 Web 应用服务器等组成，采用分层次，模块化的方式进行程序设计各系统集成。系统采用 B/S+C/S 模式运行，用户通过浏览器访问及操作后台数据。

(二)预期效果

及时预警，及时处置。发生Ⅲ级并有可能引发Ⅱ级突发生产安全事件时，事发企业应急领导小组应当立即召开首次会议，成立现场应急指挥部。主要负责人或分管领导应当立即赶赴现场，组织开展应急抢险、救援等工作。

存储资料，便于分析。事发企业应当在不影响应急处置的前提下，采取有效措施保护事故现场，及时收集现场照片、监控录像、工艺设备运行参数、作业指令、班报表，以及应急处置过程等资料。任何人不得涂改、毁损或隐瞒事故有关资料。

持续监测，防患未然。现场应急处置工作完成后，经现场应急指挥部确认引发事故的风险已经排除。按照程序终止应急处置与救援工作。事发企业应当对恢复生产过程中的安全风险进行评估，制订和实施有效防控措施，对现场危险因素进行持续监测，防止发生次生事故。

五、以视频 AI 预警加强风险管控排查

(一)功能设定与内涵探析

在平台作用方面，针对人员劳保不全、烟雾、明火、闯入、油气泄漏等 21 种不安全行为及场景定制研发了 AI 分析算法，已接入 6516 路 AI 视频预警信息服务，业务部门可按照预警信息针对性进行警情排查处理。QHSE 监管信息化系统建成后将实现如下功能。

(1)视频基本功能。支持 PC 端及手机平板等 APP 端普通监控预览和回放等功能。

(2)级联/互联功能。综合安防管理系统通过级联/互联依据 GB/T28181—2011 设计，提供注册发现、心跳检测、云台控制、实时监控、时钟同步、字符叠加等联网基本功能。

（3）运维管理功能。长庆油田 QHSE 监管信息化系统整合平台配套提供运维子系统，提供综合运维监控服务。视频网管监控可对视频专网中的视频摄像机、平台服务器、编解码器（DVR、NVR）等视频系统相关设备进行巡检、管理。IT 网关监控可对视频网上的各项网络设备、服务器、业务系统等 IT 基础架构进行集中监控管理。视频质量诊断可对视频图像出现的雪花、滚屏、模糊、偏色、画面冻结、增益失衡、云台失控、视频信号丢失等常见摄像头故障、视频信号干扰、视频质量下降进行准确分析、判断和报警。

（4）风险管控功能。通过 LEC 法、风险矩阵法等进行全方位、全过程风险辨识，提供风险辨识、风险管控、风险告知、事故隐患的预警分析等。

（5）隐患排查功能。通过 PDCA 闭环管理，实现每一条隐患的完整闭环和资料留档。

（6）各高风险段前端监控点位。前端设备安装于高风险段现场，主要实现当危害、破坏管道事件一旦发生时，能实时将采集到的视频和图片上传至相关属地管理人员预警和推送至系统平台；可实时供管理人员按需浏览现场视频或图片；可根据现场情况，在有需要的地方有针对性地部署警灯闪光及语音驱赶广播，达到阻吓效果，及时阻止风险事件的继续发生。

（7）属地管理单位监控操作。属地管理单位属于高风险段风险事件的直接管理单位，预警系统主要为该部分用户服务，系统设计中应满足属地管理单位的以下需求：属地管理人员可按相关管理制度，尽量不受时间限制、方式限制、地点限制，可随时随地通过手机 APP、电脑或平板客户端实时查看现场视频或图片，进行远程视频巡查；管理人员能被赋予不同的权限和管辖范围，现场风险事件发生时，接收到其管辖范围内的推送报警信息和图像资料，并可开启相应的现场驱赶设备。

（8）系统管理平台。系统管理平台是预警系统的核心，其主要功能应满足：平台接入前端监控点位，并对其进行集中管理；平台具备入侵报警检测、录像及预览、APP 推送、报警信息分类汇总和统计并生成相应报表；平台支持按需接入无人机管道巡检的实时视频、属地管理人员单兵设备；平台搭配前端监控点位，最终能实现现场管道标记划线，能对指定区域进行报警，并支持去误报功能；平台能长期可靠稳定运行使用；平台应具备一定存储能力，对现场风险事件发生的保留最完整视频图像资料；具备解码上墙功能，便于企业管理中心通过大屏轮巡播放现场图像资料。

（二）预期效果

QHSE 监管平台实施前后视频 AI 预警业务变化如表4-3所示。

表4-3　　　　　　QHSE 监管平台实施前后视频 AI 预警业务变化

原人工监控模式	现人工智能监控模式
三级监控结构：中心站—作业区—基地(厂部)	二级监控结构：作业区—基地(厂部)
中心站安防工作人员需求：2~3 人	中心站安防工作人员需求：1 人
日常监控模式：人眼盯防(8 小时/班)	日常监控模式：人工智能分析(全天候)
报警记录模式：人工书写记录	报警记录模式：系统报表导出
发现报警实时性：平均约70 分钟	发现报警实时性：平均约20 秒
安防信息分类：无	安防信息分类：21 种
违章事件管控方式：发现后电话通知	违章事件管控方式：实时处理、事后追溯

（1）长庆油田人工智能监控模式发生重要变化，在作业区和厂部，使用实时数据和长庆油田 QHSE 监管信息化系统整合平台对现场进行全方位的远程监控，通过线上和线下的业务协同，实现高效监督，实现如下效果。

（2）提升巡检效率。油气输送管道所属部门通过前端监控+人工智能的全新技术方案，实现对管线 24 小时的自动化、智能化监测，从而实现对管线的高效巡检，减少人力、时间成本的投入，提高对危险隐患预警的能力。

（3）实时监测，智能处理。结合智能视觉分析、模式识别、信息传输等技术对监视区域所发生的各类事件进行自动检测、自动报警的真正智能化解决方案，系统能实时检测出目标区域发生的物体位移等异常变化，并对发生的异常事件迅速自动地进行报警。可实现视频监控区内活动行为的监测预警，可自动识别出人、车、机械作业、火灾等事件，并产生报警。

（4）实现可视化指挥。在风险防御指挥中，指挥者信息掌握的程度、指挥的及时性和准确性都是直接影响调度效率的重要因素。为此,该平台要实现以可视指挥调度应用为核心,同时集成多方手视频会议、远程监控、图像传输等应用功能,实现指挥调度中心与被指挥点之间的双向视频通信。这样指挥调度中心不再是后台,瞬息之间即可巡视各方,如同亲临现场,快速决策。

第五章　监督管理实现

　　基于反馈控制理论，本章主要围绕长庆油田 QHSE 业务内容之一"监督管理"方面相对应的五大业务进行描述与分析，分别为安全环保监督业务、工程监督业务、质量监督业务、质量安全环保巡查业务以及地面监理业务。结合长庆油田 QHSE 业务相关部门及单位信息化监管需求，涉及的业务范围主要包含长庆油田的勘探开发、项目建设、生产组织、运行维护等工作领域。本章将长庆油田 QHSE 监管信息化系统整合平台"监督管理"方面的 5 项监管业务、16 项监管内容涉及的所有监管内容进行分层级、分类型、分功能进行梳理，对照 QHSE 管理体系文件，分析业务所涉及的 QHSE 业务主管部门，分别是安全环保监督部、工程监督处、西安长庆地面监理公司、质量安全环保部以及质量安全环保巡查办。依据 QHSE 监管信息化系统整合平台，长庆油田监督管理方面以油田公司各业务部门、厂处单位相关业务科室的监管业务展示为主。其中，系统主要展示指标有安全环保巡查报告、生产单位量化评分、问题要素分类、监督次数及问题个数、地面监理、风险提示、问题发现、监督到位图等。在 QHSE 监管信息化系统整合平台合规运行情况下，系统把监督管理所产生的问题集中提交到公司平台，按照不同的体系要素、分类分析推送到业务管理部门，要求业务管理部门针对性整改改进。通过构建 QHSE 多业务流合一的一体化监管体系，形成业务归集、数据规范、标准统一、预警报警的信息监管机制，强化业务和数据信息的不同层级有效管理，确保形成大监督合力。

第一节　监督管理沿革的思路挖掘

一、反馈控制理论概念演化

事故预防是安全管理的核心，而事故隐患是导致事故发生的根源，因此有效的隐患管理成为安全管理工作的重中之重。反馈控制是控制理论中一种能够有效动态修正系统的经典方法，通过反馈控制使决策者及时了解系统目标的运行状况，如发生偏离，可以迅速做出反应，修正决策方案，也可以起到优化，完善系统目标的作用。本章以隐患管理流程模型为基础，综合运用闭环反馈控制理论，贯穿于隐患管理全过程，形成安全反馈闭合回路从源头杜绝隐患，在生产过程中识别治理隐患，而这将对隐患治理取得主动权，牢牢地控制住隐患，避免事故的发生。

二、反馈控制理论具体应用

根据中国石油的安全运行要求，长庆油田的安全管理体系以 QHSE 体系为基础。QHSE 管理体系是实施质量、健康、安全和环境管理的组织职责、机构、程序、实践、资源和过程的一个组成部分。因此该体系由许多要素通过先进和科学的运作模式，相互关联，相互影响，形成极具动态的一个结构化的管理系统。在功能上，安全是一种预先的风险分析，识别可能的危害和后果，运用有效举措达到减少人员伤害、财产损失和环境污染的效果。

依据反馈控制理论，长庆油田针对监督管理方面提出相对应的五大业务，分别为安全环保监督业务、工程监督业务、质量监督业务、质量安全环保巡查业务以及地面监理业务。五项业务在实际生产现场应用中把事前、事中和事后反馈有效紧密结合起来，形成"131"闭环工作思路。其中，前面的"1"是质量监督的事前预防预警，"3"是为安全环保监督、工程监督与地面监理的事中揭示纠偏作用，后面的"1"是质量安全环保巡查发挥的反馈抵御作用，五项业务贯穿监督管理全过程，从而形成安全反馈的闭合回路。

（一）事前反馈预防

事前反馈作用是对系统的输入进行检测，以消除有害输入或针对不同情况采取相应的控制措施，对于安全生产系统来讲，采用前馈控制，就是避免由于人为失误、管理失误、设备机器设计缺陷和环境缺陷这些隐患而引发事故，是安全生产的超前防范，也是安全生产追求的最佳控制方法。前馈控制手段在安全生产现场的应用就是尽最大可能实现人、机、环境的本质安全化措施，具体体现为质量监督，即为"预防预警"——通过实现设备，机器本质安全化，开发推广先进的安全生产技术，不断提高设备设施的安全防护和保险系数水平以提升技能和生产经验水平进而提高正确快速处理异常情况的能力；依托科技和信息技术，加快现代信息管理步伐；严格规范行业标准化工作，创造良好的作业环境；提高作业规程和安全技术措施的指导性、针对性和可操作性。

（二）事中反馈纠偏

在实际安全生产过程中对于同一种隐患，由于管理水平的高低，技术水平和技术措施采取得合适与否，以及反馈技术有效控制，隐患所导致的结果是截然不同的。因此事中反馈应运而生，在隐患出现的同时，需要人们第一时间识别并快速做出反应，及时将隐患消灭在萌芽状态，避免进一步扩大和恶化，降低事故发生的概率和严重度。事中反馈在安全生产中的应用属于现场隐患控制，包括隐患识别、分类，对隐患实施动态的全过程的监测，其要求能够及时掌握系统中设备人员管理及环境等状态变化及时进行隐患识别，为隐患整改提供动态信息，及时了解隐患的实际状况，进而提出隐患治理方案。同时其还要求实时跟踪治理方案的实施进度、主要负责人和完成期限，及时解决隐患治理方案实施过程中遇到的问题。

在监督管理业务方面，事中反馈作用具体体现为安全环保监督、工程监督与地面监理，即发挥监督管理的"揭示纠偏"作用。通过对施工作业现场及生产现场的监督，及时反映生产过程中存在的隐患，并在第一时间进行处理与解决。例如，以安全环保监督业务中的危险作业监督为例，系统根据危险作业工作计划，自动下达监督任务，由专人到现场开展监督检查工作，通过手持终端确认检查项，形成问题清单反馈给生产单位，进行线上整改，然后才能进行下一步工作；工程监督业务主要针对井口以下业务进行监督管理，包括钻井、试井、测井、录井、修井等，通过远程视频监控和现场监督实现对每口井的全过程监督；地面监理业务主要针对重点工程、危大项目等产建项目施工过程中的安全管理与质量监督。系统通过传感器采集现场设备环境的相关数据，将数据传输至安眼平台系统，由安眼平台系统模拟现场设备运行状态，提出修正方案，整改隐患。

(三)事后反馈抵御

事后反馈作用是指安全措施实行一段时间之后，对隐患治理效果进行跟踪检查，观察方案实行效果是否符合预期目标。如发生偏差，不符合预期目标，须及时进行修正。另外事后反馈还包括对隐患治理的成果、绩效和影响的考察和总结，提供检测，检验数据报告，验收。而质量安全环保巡查正是监督管理机构在事后反馈中所做出的反应，即发挥了监督管理的"反馈抵御"作用。当前，质量安全环保巡查业务主要针对现场 QHSE 问题，查找发生问题的根本原因。之后采用反馈机制进行评价总结。

正反馈机制的应用：将方案中的创新成果进行整理汇总，进行学习和推广。负反馈机制的应用：如果隐患控制不当导致了事故的发生，应及时地进行事故分析，采用系统分析法查明事故发生的深层次的原因，总结经验教训，从中找出规律性和指导性的理论，将事故致因及时传递到各相关单元系统，供相关的单元系统作为管理中的借鉴，并采取必要的防范措施防止类似事故的再次发生。另一方面，要严格隐患追究责任制，加大事故处罚力度(见图 5-1)。

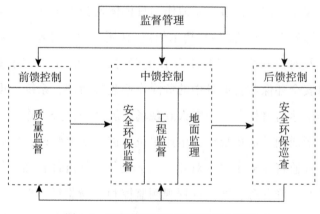

图 5-1　监督管理的反馈控制理论应用

第二节 监管机制的安全隐忧突破

一、监督管理建设现状向度

(一)多部门、多层级联管联控

运用平台的各类监管信息,结合属地政府、集团公司、油田公司的工作要求,通过大数据分析,及时向公司领导和业务主管部门提供工作实施建议与决策依据。借助 QHSE 一体化信息监管机制的运行,实现大平台、标准化、扁平化的 QHSE 一体化信息监管,落实各层级主体责任。长庆油田各业务部门,以决策、评估为主要责任,提出总体工作要求,分析发展趋势。长庆油田和各单位为 QHSE 管理体系建立、运行、保持和改进,提供适宜的资源,各级业务主管部门负责资源需求计划的统筹、配置、调整、优化和使用监督管理。监督管理业务主要涉及 5 个部门,分别是安全环保监督部、工程监督处、西安长庆地面监理公司、质量安全环保部以及质量安全环保巡查办。

质量安全环保部职责众多,主要负责安全生产、环境保护、质量监管、节能节水、体系审核等油田公司 QHSE 业绩指标、业务归口管理;负责建立安全隐患排查与治理长效机制,设立专项治理资金,推行隐患排查治理信息化管理,定期分析通报事故隐患,实施隐患销项闭环管理;负责公司 QHSE 风险分级防控管理,制定统一的危害因素辨识和风险评价方法,对各专业系统风险防控情况进行监督、检查、指导。按照长庆油田实施 QHSE 目标指标管理,按责任书的形式将 QHSE 目标分解到各部门和单位,并对目标的执行和完成情况进行定期考核,其中,质量安全环保部门负责下达公司各部门、各单位年度 QHSE 业绩考核指标,包括结果性指标和过程性指标,逐级签订安全环保责任书,并跟踪目标指标完成情况。工程监督业务主要由工程监督处建设及管理,工程监督处是地面建设部门主要负责地面建设的安全环保监管,承包商准入、施工过程监管、QHSE 业绩评价以及隐患排查及治理等。针对监督管理方面的安全环保监督业务、工程监督业务、质量监督业务、质量安全环保巡查业务以及地面监理五项业务。在每个领域，长庆油田皆设置了安全环保监督员、工程监督员、地面监理员驻扎于现场，此外，还包括质量安全环保巡视员在不定期巡视。具体详见表5-1。

表 5-1 监督管理业务的主要建设及主管部门

监督管理业务	建设及主管部门
安全环保监督业务	安全环保监督部
工程监督业务	工程监督处
质量监督业务	质量安全环保部
质量安全环保巡查业务	质量安全环保巡查办
地面监理业务	西安长庆地面监理公司

(二)多标准、多规范齐抓共推

近年来，我国先后出台关于石油开采的指导政策，如《企业安全生产标准化建设定级办法》《关于加快推进国有企业数字化转型工作的通知》《陕西省石油天然气开采业重大事故隐患判定标准(试行)》《陕西省石油天然气开采业重大生产安全事故隐患判定标准(试行)》《陕西省石油天然气开采安全生产专项整治方案》等包括行政执法、安全生产事故巡查、安全生产治理制度等，对当地的石油开采生产安全管理起到了指导作用。为了全面贯彻执行企业安全生产管理要求，长庆油田严格遵循相关石油开采监督政策，全力做好石油天然气开采领域安全生产监督管理工作。

长庆油田以 QHSE 体系管理的相关标准、规范作为基础依据，按照体系管理思路对长庆油田安眼平台框架及应用功能进行梳理。主要依据的 QHSE 标准、规范如下：

《职业健康安全管理体系》GB/T28000 系列；《职业健康安全管理体系要求及使用指南》GB/T 45001；《合规管理体系指南》GB/T 35770；《质量管理项目质量管理指南》GB/T 19016；《建设工程项目管理规范》GB/T 50326；《石油天然气工业健康、安全与环境管理体系》SY/T 6276；《健康、安全与环境管理体系 第 1 部分：规范》Q/SY 1002.1；《健康、安全与环境管理体系 第 2 部分：实施指南》Q/

SY 1002.2；《质量健康安全环境管理体系要求》Q/SY 2.2。

此外，按照 GB/T 24001—2004《环境管理体系要求及使用指南》标准、《长庆油田 QHSE 信息监管平台整合框架方案》、《长庆油田"安眼工程"试点建设工程可行性研究报告》、长庆油田"数字化建设、智能化发展"相关管理、规划性文件，建立了长庆油田 QHSE 信息化监督管理体系，通过监督管理体系的建立和实施，使得长庆油田管理工作进一步科学化、规范化、制度化，各类事故得到有效控制，管理效率明显提高，QHSE 监管信息化系统整合平台建立取得了初步成效。

(三) 多反思、多整治动态调适

油田生产本身具有较高的危险性，因此强化生产的安全管理和做好相应的预防工作把事故及各类隐患消灭在萌芽状态中，不但能有效提高油田安全生产效率，而且还能够避免出现人身安全事故及财产损失。近年来，公司各单位监督管理正经历从数字化到智能化、从有人值守到无人值守的管理变革，只有生产场所员工 HSE 履职尽责到位才能保证现场安全，不发生事故事件，所以，传统生产场所 HSE 管理模式亟待转变。

而长庆油田在监督管理方面当前存在着以下问题：一是随着长庆油田油气生产规模逐年增长，"井、站、线"组成的油气生产系统不断扩容，QHSE 监管目标呈点多、线长、面广的分布特征，以压力、流量、温度为基础预警参数的技术已不能满足需求，监督管理难度逐年增大。二是 QHSE 监管覆盖油气建设、生产、运维全过程，伴随井站数量、管道设施、风险源点的持续增长，QHSE 主管部门、直线责任部门、监督监理单位围绕统计指标、分项指标、考核指标、监督指标、基础数据等信息层层统计填报，加大了 QHSE 信息监督管理数据统一口径管理的难度且削弱了信息传输效率。三是缺少安全监管信息化顶层设计，在业务流程和业务标准等方面的规范性以及资源共享方面缺乏有效的统筹规划，导致安全监管信息化建设盲目性和随意性大，监管业务系统内部和外部的信息孤岛现象较为严重，综合分析与统计功能实现困难；QHSE 多数业务领域还未实现信息化系统覆盖，因监督管理职责孤立、分散、信息壁垒等引发的信息迟滞等问题，已不能适应现代化系统性管理需求，亟须开展跨岗位、跨部门、跨专业的共享性、信息化协同；现场工作标准不统一，要求形式各异，缺少有实际指导意义的岗位工作清单，现场重复性工作多，运行效率低。四是监督管理业务系统间数据标准不一致，在用系统较多，各系统相互独立、相同业务信息化管理方式不统一、数据标准不一致、系统之间信息缺乏共享，不能满足大数据分析的要求。五是岗位员工对 HSE 履职责任认识不足，现场安全措施未按要求执行，措施落实、结果验证等未闭环；并且数字化建设未配套员工 HSE 履职智能管理，履职方式落后，信息化程度低，管理手段与实际运行脱节。因此，长庆油田当前监督管理业务亟需进行信息化改革，通过持续推进 QHSE 信息化监管系统建设，稳步提升在安全环保监督、工程监督、质量监督、质量安全环保巡查以及地面监理运行等业务领域 QHSE 监管水平，利用"信息化+监督管理"等新视角建成统一的 QHSE 监管信息化系统整合平台至关重要。

二、监督管理建设目标逻辑

当前，QHSE 监督主要针对现场质量、安全、环保等问题进行监督管理。在监督管理业务方面具体体现为安全环保监督、工程监督、质量监督、质量安全环保巡查与地面监理，通过对施工作业现场及生产现场的监督，及时反映生产过程中存在的隐患，并在第一时间处理与解决问题。通过监督管理功能模块建设，使巡检、维护、监督检查工作任务标准化；任务推送、风险提示、结果反馈、统计分析运行流程智能化；固定工作自动推送、临时工作实时派发执行显性化；问题闭环管理、工作量化考核结果信息化，达到"管理制度执行到位、员工职责履行到位、生产现场管理到位、风险隐患管控到位"效果，实现"减少人为履职影响因素、减少非必要信息流转环节、减少低效重复性工作、减轻基层岗位劳动强度"的目标。

(一)深化攻坚，进一步优化安全环保建设

依托原有的安全环保监督系统，长庆油田对安全环保监督工作进行集成整合。通过开发展示界面，集成原有系统监管业务界面和数据录入操作界面，将现有系统数据接入油田公司"数据湖"，确保数据统一、共享，以期实现长庆油田生产运行过程安全环保措施落实及特殊时期安全环保措施落实监督两部分监管内

容。监督生产现场的安全,通过监督工作开展,保障油田生产现场安全。比如,在安全环保监督业务以危险作业监督为例,系统根据危险作业工作计划,自动下达监督任务,由专人到现场开展监督检查工作,通过手持终端确认检查项,形成问题清单反馈给生产单位,进行线上整改,然后才能进行下一步工作。

(二)强化担当,进一步拧紧工程监督链条

研究指出通过工程监督保障井下作业流程的科学性和作业质量,油田企业可以避免施工成本的浪费问题。而工程监督是贯穿在井下作业的整个过程,也是当前长庆油田实现健康发展必须要关注到的内容,需要做好多个方面的工程监督工作。依托原有的工程监督系统,长庆油田对工程监督工作进行集成整合。通过开发展示界面,集成原有系统监管业务界面和数据录入操作界面,将现有系统数据接入油田公司"数据湖",确保数据统一、共享,以实现长庆油田项目建设、日常及重大工程监督、安全环保措施落实监督、定期检查与整改督办以及技术支撑等监管内容,实现对于油田生产的"远程监督+现场监督",实现对现场全方位的远程监控以及通过线上和线下的业务协同,实现高效监督。

(三)精益求精,进一步加强质量安全管控

质量是油田企业需要重点关注到的内容。行业要想实现更好的发展应该做好质量把关工作,推动企业实现持续健康发展。质量监督能提高井下作业综合能力,立足质量把关方式给生产作业提供更好的安全保障力量,大大减少质量问题的发生,更符合当前行业发展所提出的要求。依托原有的质量监督系统,长庆油田对质量监督工作进行集成整合。通过开发展示界面,集成原有系统监管业务界面和数据录入操作界面,将现有系统数据接入油田公司"数据湖",确保数据统一、共享,以实现长庆油田对产品质量、装备物资质量监督与质量问题督办等监管内容。油田基建全过程监督检查各参建单位是否按照法定规程进行工程建设是油田质量监督工作的主要职能,也就是对他们主体质量行为和工程实体质量的监督,在涉及重要使用功能和实体结构安全的关键部位,质量监督人员必须到现场进行检查,也就是实物质量监督,通过全面主体质量行为监督和实物质量检查更有效的保证工程最终的质量。

（四）强化管控，进一步夯实日常安全巡查

质量安全环保巡查是长庆油田公司针对当前严格监管阶段实行的一项管理创新，是升级版的管理体系审核方式。同时，质量安全环保巡查也是公司 QHSE 管理体系的重要组成部分，不同于日常的检查、审核、监督、管理，而是一种更为严格的监管方式。依托原有的质量安全环保巡查系统，长庆油田对质量安全环保巡查工作进行了集成整合。通过开发展示界面，集成原有系统监管业务界面和数据录入操作界面，将现有系统数据接入油田公司"数据湖"，确保数据统一、共享，以期实现长庆油田安全环保工作落实督办、检查与整改督办、专项巡查与制度建设落实督办等四项监管内容。长庆油田量化监督工作系统化程度较高，整个工作流程都可通过系统完成。通过明确各类监督检查项目、监督检查依据、监督检查频次以及对应的体系要素、问题等级等基础信息，在系统后台作为监督检查问题库，以保证实现监督检查问题结构化，实现对长庆油田生产现场的安全管理保障。

（五）精准防控，进一步筑牢地面督查屏障

油田地面工程是油田建设的重要环节之一，其施工工序较为复杂，且施工工期较长。在整个工程项目施工中，常常存在一些问题直接影响着施工质量，这些不稳定因素会造成施工现场的安全事故以及质量隐患。因此，为避免项目突发的不稳定因素，长庆油田拟依托原有的地面监理系统、完整的业务内容以及专业的平台功能，对地面监理工作进行集成整合。通过开发展示界面，集成原有系统监管业务界面和数据录入操作界面，将现有系统数据接入油田公司"数据湖"，确保数据统一、共享，以期实现对项目工程的施工监理、检查与整改督办以及设计落实核查等监管内容，实现施工质量监督与管理的责任与职能的明确分工，通过对施工质量问题进行有效整改，长庆油田拟将建筑工程施工监理的作用最大化，以确保施工质量满足设计要求与合同规定。

油田地面施工在客观上不能缺少全面性的现场监理。因此，做好全方位的现场监理有助于优化整体上的施工质量。从现状来看，作为监理人员来讲有必要结合油田地面建设的真实状况，综合运用多样化的监理措施。监理人员如果察觉到某些潜在性的违规倾向，即可对此立即予以纠察处理，进而从源头入手来消除潜在性隐患。监理人员据此督促施工方，对于现场施工涉及的各项安全保障都要予以全面落实。

第三节　信息监管的功能体系整合

长庆油田 QHSE 一体化信息管理平台已基本实现 5 个监管方面以及 33 个监管业务联动、信息共享、协同运行。长庆油田监督管理方面主要用于油田公司各业务部门、厂处单位相关业务科室的监管业务展示。其中，展示指标有安全环保巡查报告、生产单位量化评分、问题要素分类、监督次数及问题个数、地面监理、风险提示、问题发现、监督到位图等。该类指标通过对监督管理业务进行量化，将监督管理水平具象化，更加规范有效对长庆油田实施监督管理。针对安全环保监督、工程监督、质量安全环保巡查、地面监理、质量监督等 5 项业务进行监管，实现对 QHSE 监督监理数据的集中监管和分析（见图 5-2）。

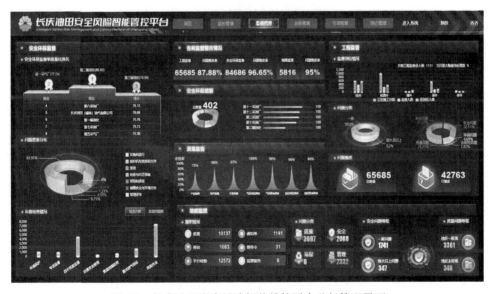

图 5-2　长庆油田安全风险智能管控平台监督管理界面

一、以智能分析赋能安全环保监督

（一）内涵意蕴

安全环保监督工作是油气田地面建设工程中较为重要的内容，一旦油气田工程出现了安全问题，将会造成十分严重的后果。为了避免安全事故的发生，则需要工作人员提前做好预防工作，通过智能化的显示平台做好事前、事中、事后的及时监督检查及有效跟踪落实，通过智能化减少发生安全问题的概率。

同时长庆油田必须对自身安全环保监督的体系与制度进行全面的改进与完善。石油企业本身发展历史较长，企业逐渐发展壮大的过程中会养成固定的管理理念与模式，很难被外界所改变。如今长庆油田积极借鉴其他优秀油田企业的管理经验，并根据优秀经验，结合自身实际情况，制定出合理严谨且带有针对性的安全环保监督管理制度。其监管制度自身需要具备各个部门应负责的范围且需要承担的各项责任，与此同时在制度之中还需要规定各个部门现场工作标准以及在实际工作过程之中需要严格遵从的规章制度与安全规范。安全环保监督管理制度还赋予有关部门部分权力，如此才可以促使长庆油田内部顺畅运行监督制度，为监督管理工作增加权杖，以避免在监督管理过程之中存在权力虚化的现象。

此外，在当下长庆油田的安全环保监督业务中，工作内容包括 6 个方面：危险作业监督、场站类监督、管道泄漏防控、环保监督、交通监督、专项监督。除危险作业业务是根据场站危险作业工作开展情况下达任务单外，其他 5 项监督都是通过年度监督工作计划，系统自动按照月份、周下达监督任务。以往的安全环保监督管理工作通常都是在现场临时成立的，很多工作都是临时开展的。但在如今的社会背景下，为了保证安全环保监督管理的工作力度与质量，长庆油田构建了专业的安全环保监督部门，也承担管理此项业务，并需要与二级部门之间进行良好配合，保证监督管理工作的正常严格进行。

（二）关键要素

长庆油田针对监督管理方面的安全环保监督业务在 QHSE 监管信息化系统整

合平台的油田公司层面以整体监管为主，主要关注重点风险防范指标，体现为以下几点：一是当天非常规作业情况，具体包含安全环保常规监督次数、安全环保非常规监督次数、安全监督现场发现问题数、安全监督现场发现问题整改数；二是对于常规量化监督实施情况，主要涵盖当天各类监督次数及发现问题数以及年度累计监督次数及问题数；三是各生产单位量化评分情况；四是不符合项等级分类；五是体系要素分类占比。通过对安全监督业务指标信息化，长庆油田才能充分发挥出安全环保监督的管理职能。

此外，安全环保监督业务在厂处级以流程管控为主，重点关注全生命周期内的监管指标。一是安全环保监督系统的二级单位量化评分季度统计信息；二是安全环保监督系统的各问题要素分类占比季度统计信息，其中，输入参数包含领导和承诺、策划、健康安全与环境方针、管理评审、实施和运行、检查和纠正措施、组织机构资质和文件等内容；三是安全环保监督系统的各类型监督量化次数、问题个数年度统计信息，其中，输入参数由危险作业监督、场站监督、管道泄漏防控、环保监督、交通监督、专项监督构成。

（三）实施效果

长期以来，长庆油田持续加强信息化监管建设，信息化建设有助于提高长庆油田的生产效率及生产安全。在安全环保监督方面，进行信息化建设也尤为关键，其有助于推动安全环保监督工作的进一步发展。在信息化模式下，长庆油田的安全环保监督工作将实现直观化、及时化、多层化、系统化以及共享化，从根本上解决传统的安全环保监督工作面临的信息交流不通畅，数据无法共享等问题。

信息化模式下安全环保监督工作更直观化。在长庆油田大力推动数字化建设的前提下，油田企业的安全环保监督人员可以通过使用生产作业现场的监控设备以及终端设备对生产作业进行动态化的监控，对油田生产过程中的安全隐患进行实时监督，生产作业的现状将以直观化的形式呈现，此时的安全环保监督工作效率将会得到提升。对于传统的监督模式而言，由于监督人员十分有限，无法对所有的隐患点进行监督，同时隐患问题出现微小变化，监督人员也无法及时发现，而在数字化管理模式下，大量数据信息将会在在线分析的前提下向工作人员呈现，有助于工作人员了解生产作业参数的微小变化。

信息化模式下安全环保监督工作更具有及时性。在开展安全环保监督工作的过程中，及时性十分关键。对于传统的管理模式而言，需要对监督对象进行全面分析，此时才能确定监督对象的安全隐患行为。同时，对于长庆油田监督人员而言，其需要在生产作业的现场进行监督，还需要对工作人员的操作行为与标准规范文件进行对比，此时发现的隐患问题都属于事后发现，无法在隐患问题出现之前进行治理，在引入数字化管理模式以后，可以对生产参数的动态变化进行分析，根据参数的变化情况，将问题抑制在萌芽中。

信息化模式下安全环保监督工作更体现多层化。为了充分发挥长庆油田安全环保监督工作的效果，长庆油田采用层层监督的工作模式，监督人员必须深入现场，且需要对现场的生产操作具有一定的了解，监督的模式以及方式都相对较为单一，对于大量的人工操作而言，隐患问题非常容易被忽略。在引入数字化管理模式以后，监督人员可以对井区、作业区等开展多层次的监督工作。同时，对于作业区的调度和厂处指挥中心而言，其可以实现平行监督，这种平行监督有助于推动企业安全环保监督工作朝着全方位的方向发展。

信息化模式下安全环保监督工作更彰显系统化。长庆油田引入数字化管理模式，其计算能力相对较强，工作人员可以在非常短的时间内对隐患问题进行分析。同时，还可以得到相对科学的结论，最终的分析结果将会以图表的形式呈现，监督人员只需要对系统中的文件进行调阅即可，人机互动能力相对较强，系统化效果得到了提升。

信息化模式下安全环保监督工作更突出共享化。在引入数字化系统以后，长庆油田内部具有强大的数据库支持，大量的生产工艺数据、设备运行数据、员工资料、安全环保相关的政策要求将会被储存在数据库中。对于不同的监督人员而言，由于其管理权限存在一定的区别，因此，不同的管理人员可以凭借不同的账号密码对特定的模块进行访问，同时，在通信技术的支持下，不同的监督人员可以对相同的资料进行调用以及管理，监督人员之间具有顺畅的沟通交流渠道，此时的监督管理工作将更加高效，也切实解决了当下长庆油田所面临的监管人员工作权限受限的关键问题。

二、以双重治理视角巩固工程监督

(一)内涵意蕴

基于 QHSE 监管信息化系统整合平台,工程监督横向拓宽了监督业务范围,覆盖了钻井、测井、录井、修井 4 个方面系统将基建施工及测井的详细信息纳入管理范围,细化监督内容,规范管理程序,加强信息沟通,实现施工已监督内容有据可查。该模块纵向递延了监督业务内容,实现了及时将各项业务数据源点延伸至施工方,覆盖了基础施工方、监督方和监理方的每日工作信息,确保每日施工信息及时、准确入库,便于及时查询数据了解情况、及时发现问题、及时协调解决问题。一方面,为保证工程监督管理体系有效运转和责任制的落实,长庆油田工程监督处每周对施工现场情况进行定期检查,对施工过程中的重点部位、隐蔽工程、高危作业项目进行重点检查,发现安全隐患及时下发监督通知单,要求施工单位限期整改并及时复查。另一方面,业务部门对施工风险、隐患、监督问题进行实时监管。工程监督业务主要针对井口以下业务进行监督管理,包括钻井、试井、测井、录井、修井等,通过远程视频监控和现场监督实现对每口井的全过程监督,工程监督在现场通过住井、巡井、巡回检查、电话咨询等多种监督方式对现场施工过程进行监控,以确保工程安全和质量。

(二)关键要素

长庆油田针对监督管理方面的工程监督业务在 QHSE 监管信息化系统整合平台的油田公司级展示界面以整体监管为主,关注重点风险防范指标,主要体现为以下几点要素:一是人员统计,具体包含人员配置、队伍分布、施工队伍统计;二是对于长庆油田井型及区域统计;三是隐患排查治理跟踪;四是风险警示分级管理;五是监督动态;六是问题统计及问题整改。

通过长庆油田 QHSE 信息化监管系统,实现了井场施工状况实时全面感知,实现现场数据、曲线、报表、视频数据等多类型数据实时同步传输,为监督管理工作提供大量数据支撑;实现了工程监督业务的实时在线监控、查询、统计、分析,远程监督成功运行,为下步的智能化监督创造数据基础。

　　工程监督业务全程网上运行：监督人员接受监督任务，编写监督计划、开展监督工作、编写监督评定全程无纸化管理、电子化档案存储，监督过程全程网上运行，上级管理部门通过互联网实时了解工程项目监督动态。从点面结合、全天候、大规模、零距离对长庆油田施工现场全面监督，远程监督组通过计算机智能分析现场回传实时数据、实时曲线的结果、查阅现场报表、结合现场视频、图片资料开展监督工作，关注事前预警、关注视频监控、关注全程跟踪判断。工程监督处重点关注现场核实，关注关键作业环节把控，关注现场监督管理。

　　(三)实施效果

　　基于石油采油的流程与特点，石油企业需要严格保障井下作业的开展效果。在当前的发展形势下，长庆油田通过工程监督，保障井下作业流程的科学性和作业质量，从而能避免施工成本的浪费问题，推动采油项目的顺利开展。随着信息化建设的推进，"互联网+监督"的工作方式随之确立，改变了以巡井、住井、关键环节现场旁站为主的传统监督工作方式，基于监督信息化系统、QHSE 系统和实时数据系统的功能发展成熟并结合现场信息化工作实际，长庆油田"远程监督+现场监督"的监督方式应运而生(见表 5-2)。远程监督利用远程监控室，使用实时数据和长庆油田 QHSE 监管信息化系统整合平台对现场进行全方位的远程监控，通过线上和线下的业务协同，实现高效监督。其中远程监督的主要任务是：通过视频监督现场规范施工；通过实时数据监督现场施工参数；通过监督现场施工管理；系统推送或现场喊话及时纠正现场问题；通过现场监督核实现场情况。现场监督则是配合远程监督开展工作，其主要任务是：到现场核实远程监督推送问题；处理现场复杂情况；监督远程监督无法监控的作业环节或盲区。用"信息化"的思路，通过信息化建设、应用，带动监督业务流程的变革，提升效率降低成本。

表 5-2　　　　　　　QHSE 监管平台实施前后工程监督业务变化

项　　　目	实　施　前	实　施　后
巡井	人工值守	电子巡井
数据录取	人工录取	实时自动采集

续表

项　　目	实　施　前	实　施　后
报表	人工填写、电话上报	自动生成、网络传输
启停抽油机	现场操作	远程控制
油井工况诊断	听、看、摸、闻	软件智能诊断
软件维护		平台远程维护
硬件维护	现场维护	现场维护

信息化模式下工程监督工作实现了监督业务流程规范化。结合长庆油田业务流程梳理的节点时限要求，在系统内进行固化，能够提醒、催办、统计考核。通过信息化系统，对监督业务流程进行了固化，规范了监督委托下达、建设方指令下达、监督指令下达等监督管理过程中的具体业务流程，实现了监督业务流程规范化管理。

信息化模式下工程监督工作实现了监督工作透明化、考核的标准化。长庆油田工程监督管理业务信息化的应用，使管理方、建设方、监督方、施工方通过平台共享监督管理信息，使得监督管理更加地透明化、公开化。运用长庆油田 QHSE 监管信息化系统整合平台对监督工作进行系统整合、统计，实现监督站对现场监督的考核；实现了监督管理中心对内部各监督站的考核；实现了建设管理方对监督管理中心的考核，包括监督覆盖率、重大问题发现率、一般问题发现率、监督日报等指标。

信息化模式下工程监督工作提高了监督效率和监督质量。长庆油田 QHSE 监管信息化系统整合平台实现了长庆油田石油工程监督管理业务联动，提高了整体工作效率，实现了监督信息采集、录入同步进行。通过长庆油田 QHSE 监管信息化系统整合平台实现了监督信息的集成、监督过程中监督资料的信息共享以及监督工作经验相互借鉴，提高了监督工作能力。利用长庆油田 QHSE 监管信息化系统整合平台发现问题、处理问题并对问题进行系统的分析研究，发现问题的规律性，做到有针对性的监督管理，极大地提高了监督工作效率和工作质量。通过长庆油田 QHSE 监管信息化系统整合平台实现了工程质量管理的实时动态监督，提高决策的及时性、准确性。工程监督处可以在后方及时了解现场信息，通过专业论证，及时对项目组织讨论、分析决策，创造了良好的社会效益和经济效益。

信息化模式下工程监督工作实现了监督信息规范、实现监督资源共享、为领导决策提供有效依据。长庆油田 QHSE 监管信息化系统整合平台的应用，整合了各监督发现的问题、工作经验、教训以及工作亮点，对于疑难工况，还可以实现专家团队联合监督、动态监督，为各级领导提供了更可靠的工程信息来源，提高经营决策的可靠性。通过长庆油田 QHSE 监管信息化系统整合平台实现了工程质量管理的实时动态监督，提高决策的及时性、准确性。

三、以有效节点控制深化质量监督

（一）内涵意蕴

长庆油田生产具有点多、面广、线长等特点，生产工艺的连续性、隐蔽性、复杂性，决定了质量监督工作的难度和广度。质量监督业务主要针对施工作业现场及生产现场的施工质量、设备设施质量问题进行监督管理，包括装备物资质量监督以及质量问题督办等。

目前，长庆油田质量监督工作由质量安全环保部负责。长庆油田的施工质量以及设备设施质量直接关系到油田监督管理水平的高低以及企业的经济效益。针对长庆油田地面质量监督工作任务重、地域跨度大的特点，长庆油田提出向质量要效益，围绕"实现更有质量、更有效益、更可持续发展"的工作目标，转变工作思路，积极推进质量监督工作模式创新，提出并实施了以构建要点监督、节点控制、严格考核的质量监督控制体系管理模式，通过强化监督检查，实现了由结果监督到过程监督的转变，较好地实现了油田开发各项主要指标提升的质量监督目标，为油田提质增效提供了有效的监督支撑与服务，取得了良好监督效果并积累了经验，为长庆油田持续健康发展做出了卓越贡献。

（二）关键要素

目前，长庆油田确立三级质量监督管理体系，即公司级质量监督、厂处级质量监督、作业区级质量监督。厂级监督主要负责全厂油田井等现场质量、井控安全等的监督，并对作业区监督工作开展情况进行检查和业务督导，负责对作业区监督工作进行考核，负责对作业队伍工程质量进行量化考核。作业区区级监督人员由作业区负责管理考核，主要负责本区块所有施工作业现场和生产现场的施工质量问题的全程监督。

长庆油田针对监督管理方面的质量监督业务在 QHSE 监管信息化系统整合平台的油田公司级展示界面以整体监管为主，关注重点风险防范指标，主要包括各类监督问题汇总，如质量问题总数、整改数等。通过建立长庆油田 QHSE 监管信息化系统整合平台，强化了质量监督管理工作。每月对作业现场以及生产现场督查中发现的典型质量、设备安全问题量化考核结果以监督公报形式进行通报。通过作业监督工作持续不断的督查、通报公示、整改、量化考核，把施工质量和设备质量监督管理水平提高到新高度。

（三）实施效果

长庆油田通过对监督体系的不断完善与现场督查相结合，质量监督工作标准化、规范化大幅提升。目前公司级—厂处级—作业区级三级监督体系已经建立。随着 QHSE 监管信息化系统整合平台的不断运用和完善，长庆油田的质量监督工作由传统模式转变为信息化模式，大大加强了对生产产品、施工设备等质量的监督管理，避免了传统质量监督工作可能导致的产品质量品控问题。此外，长庆油田的质量监督工作也实现了四个转变：

信息化模式下质量监督工作实现由将事后质量监督检查转变为前期质量控制。根据长庆油田基建管理的情况，长庆油田质量安全环保部打破常规，超前监督，将事后质量监督检查转变为前期质量控制，将质量监督检查前移，有效的提高了工程质量，避免了返工浪费和延误工期。实物检查前移，在正常必检点、巡检点检查的基础上将监督工作提前，即在关键工序开始施工之前，监督工程师就提前介入检查，如有发现质量问题就可以立即整改，避免大量返工。通过将质量监督前移，并有效结合 QHSE 监管信息化系统，长庆油田切实实现了对施工质量和设备设施质量的高效保障。

信息化模式下质量监督工作实现由"个体"监督向"立体"监督转变。建立长庆油田质量"三级"监督体系，实施施工作业现场和生产现场监督"联保"制度，明确厂处级"两级"监督是质量全程监督的主体，作业区监督是设施重点工序监督的主体。各级主体监督每天的监督工作、监督动态及时反馈，监督信息随时沟通，形成从上到下的立体监督模式，减少了监督的"盲区"和"死角"。

信息化模式下质量监督工作实现由查找问题向问题整改转变。在从事现场作业监督工作时，长庆油田结合 QHSE 监管信息化系统把查找发现问题作为前提，把督促整改作为重点，把持续改进作为目标，直观地发现质量问题总数以及问题类型。对于施工现场发现的问题，专人负责督促整改验收，设备设施验收合格后方可继续施工，不允许作业队、施工队带着问题凑合施工，从而确保了长庆油田施工作业现场及生产现场各道工序质量合格。

信息化模式下质量监督工作实现由"模糊"考核向"量化"考核转变。长庆油田将设备设施的管理考核，纳入正常监督过程，实施质量考核，监督内容也是考核内容，使考核工作"日常化""数量化"，避免出现由于平时考核不落实、月底集中考核"模糊化"的倾向，使监督管理人员考核工作更加细致、严谨、科学。落实质量监督考核管理，对厂处级、作业区质量监督工作实行月度考核，针对质量出现问题类型，进行总结梳理，以此促进质量监督工作向更高的层次迈进。

四、以溯根源促质量安全环保巡查

(一) 内涵意蕴

质量安全环保巡查是长庆油田分公司 QHSE 管理体系的重要组成部分，是升级版的管理体系审核方式，在长庆油田已初见成效。长庆油田推行"六个三"运行模式，坚持问题导向，紧盯问题突出单位、关键技术和管理岗位，深查管理渎职、监督失职、岗位失责和承包商失信等问题，突出风险管控、质量管理、承包商管理等方面，正向查落实，查压力传导、责任落实，逆向追责，追溯问题根源，查找管理症结，准确追责问责，倒逼责任归位，达到持续改进 QHSE 管理的目的。

质量安全环保巡查是长庆油田 QHSE 管理体系的重要组成部分，不同于也不替代日常的检查、审核、监督、管理，而是一种更为严格的监管方式。当前，质量安全环保巡查业务主要针对现场 QHSE 问题，查找发生问题的根本原因。通过借鉴党委巡查、环保督察模式，采取模拟第三方、"钦差"式的巡查，做到一事一委托，避免熟人监管弊端，巡查办公室边学边干，边总结边改进，持续探索巡查方式，推行"六个三"运行模式。质量安全环保巡查坚持问题导向，针对部分安全风险管控薄弱单位深度剖析深层原因，进一步强化"三管三必须"(管行业必须管安全、管业务必须管安全、管生产经营必须管安全)，按照"四全"(全员、全方位、全过程、全天候)原则和"四查"(查思想、查管理、查技术、查制度)要求，压实各层级安全环保管理责任，督促安全环保风险管控措施有效落实。

(二)关键要素

长庆油田针对监督管理方面的质量安全环保巡查业务在 QHSE 监管信息化系统整合平台的油田公司级展示界面以整体监管为主，关注重点风险防范指标，主要体现为以下几点：一是质量安全环保巡查的问题数量及分布；二是安全环保专项巡查情况。通过对质量安全环保巡查业务指标信息化，长庆油田才能充分发挥出质量安全环保巡查的管理职能。

此外，质量安全环保巡查业务在厂处单位级以流程管控为主，重点关注全生命周期内的监管指标。一是质量安全环保巡查系统的二级单位(按照采油、采气、输油、其他)巡查问题数量统计信息，其中，统计信息为二级巡查问题总数量；二是质量安全环保巡查系统的巡查问题分类数量统计信息。

质量安全环保巡查坚持问题导向，紧盯问题突出单位、关键技术和管理岗位，监督失职、岗位失责和承包商失信等问题，突出质量管理、承包商管理、风险管控等方面，控制大风险、消除大隐患、杜绝大事故，主要聚焦以下 5 个方面问题。一是质量安全环保管理职责履行情况。企业主体责任、部门直线责任、属地管理责任、监督及监理责任履行不到位的问题；"党政同责、一岗双责，管业务工作必须管安全"责任制不健全、不落实的问题。二是油田公司关注的质量安全环保重大事项。质量安全环保违法违规的问题；上级批示、约谈、督办、问责等整改不力的问题；中央、省区环保督察反馈问题整改落实不到位的问题；质量安全环保管理制度及职责落实不到位的问题；质量安全环保事故、事件管理问题。三是基层反应强烈的问题。质量安全环保违法违规的问题；员工举报事故、事件，"三违"核查的问题；质量安全环保方面损害企业和员工利益的问题。四是政府要求、社会关注、媒体聚焦的问题。政府关注的质量安全环保敏感问题；

媒体舆论聚焦的问题；周边居民举报的质量安全环保隐患。五是屡查屡犯、屡禁不止的质量安全环保问题。对公司监督、检查、审核、通报等问题不及时整改、表面整改、虚假整改等问题；问题原因不分析，管理责任不追溯，纠正防范措施不全面、不落实的问题；责任不追究，追究责任走过场的问题；过分追求痕迹管理，落实责任形式化的问题。

（三）实施效果

长庆油田质量安全环保巡查办成立 3 年以来，以习近平总书记对安全环保生产批示和重要讲话，关于"三管三必须""全员安全生产责任制""两山论""碳达峰、碳中和"等指示精神为根本遵循，按照集团公司工作安排，结合油田公司质量、安全、环保总体部署，按照巡查工作领导小组要求，开展全面巡查、专项专题巡查、风险诊断评估等各类巡查共 19 轮(次)，年均巡查单位(部门)42 个，人均现场巡查 121.3 天，提交综合巡查报告 13 份、专项巡查报告 7 份、专题报告 5 份及风险诊断评估报告 1 份。经梳理总结发现，问题主要集中在风险管控、操作规程管理执行、变更管理、设备设施使用和维护、承包商现场安全管理等方面。

长庆油田质量安全环保巡查工作在实践中探索，不断加强部门配合，形成合力，深化巡查结果运用，在信息化模式下质量安全环保巡查工作成效初显。一是信息化模式下质量安全环保巡查工作督促隐患立查立改，闭环管理。督促相关单位举一反三抓整改，强化重复性问题整改，融合 QHSE 监管信息化系统整合平台，同时建立反复长效机制，实现闭环管理。二是信息化模式下质量安全环保巡查工作助推系统性、典型性问题协调解决。一方面是对通报的隐患深入归类分析，进行再验证、再追溯，查清、核准问题背后的管理责任；另一方面，坚持沟通会商机制，积极与各相关单位、部门会商，确保问题依据充分、研判结果精准。三是信息化模式下质量安全环保巡查工作促进完善管理制度，堵塞管理漏洞。督促各单位进行追责问责，起到了警示作用，倒逼管理责任归位。相关部门制修订了《长庆油田石油与天然气钻井井控实施细则》《长庆油田分公司国内物资采购管理办法》《长庆油田分公司生态环境保护管理办法》《长庆油田分公司承包商综合业务管理实施细则》等规章制度 30 余项。四是信息化模式下质量安全环保巡查工作上情督查下情上报，发挥管理桥梁作用。巡查过程既是对公司各级质量安全环保管理责任落实及压力传递的监督，也是对公司质量安全环保决策、规章制度、指示精神等的培训贯彻，很好地发挥了巡查员、宣传员、培训员的作用，起到了上情督查下情上报的管理桥梁作用。五是信息化模式下质量安全环保巡查工作锻炼了一批质量安全环保管理的行家里手。通过内部业务知识、作风纪律学习，根据巡查要求外送巡查员开展针对性交流培训，具有丰富管理经验的领导和巡查员的"传、帮、带"，以及经过现场巡查实践，临时巡查人员成为质量安全环保管理的行家里手。此外，还得到了中国石油集团总部认可，并在部分油田试点推广。目前辽河、青海等油田也成立了巡查办，并开展质量安全环保巡查工作，持续有效推进 QHES 管理以及 QHSE 监管信息化系统整合平台建设完善。质量安全环保巡查机制建立以来，经过不断的探索和实践，总结质量安全环保巡查模式和方法，取得了初步成效，得到了认可和重视。2020 年，承担了集团总部和分公司的巡查任务，分别对玉门油田、青海油田开展 QHSE 体系巡查督导，对大庆油田工程建设有限公司、塔里木油田塔西南勘探开发公司开展质量安全环保专项巡查。

五、以风险管控推进地面工程监理

（一）内涵意蕴

油田地面监理工程是一项长期、连续的大型建设项目。近年来，随着我国油田事业的快速发展，现今的油田开发产业也延伸到了戈壁、荒滩、高原等地形复杂、自然条件非常恶劣的地区。这些相对恶劣的地形条件，使得相关管理工作者很容易出现细节上的错误。同时涉及施工的环节及施工领域复杂多样，致使地面监理管理较困难，进而影响到整体的油田采油质量。因此，长庆油田对于油田地面工程出现的质量问题一直高度重视，并结合现场施工实情，制定科学、有效的对策来使得油田地面建设工程质量得到质的提升，确保油田开采能顺利、有序、安全地进行。

地面监理是一个系统性的管理工作，仅依靠安全监理人员的管理是无法保证质量的。因此，依据 QHSE 监管信息化系统整合平台的基础上，地面监理工作可以实现"现场监理+远程监理"的监督方式，地面监理业务主要针对重点工程、危大项目等产建项目施工过程中的安全管理与质量监督，规范现场人员施工行为与监理人员履职行为。现场各专业监理的主要责任就是按照安全监理方案及安全监理的要求对施工人员进行监督，发现问题及时上报。地面监理工程师要经常巡视现场，对安全隐患进行督促整改，并对施工单位上报的安全施工方案进行审批。长庆油田地面监理系统数字化充分利用数据采集、数据判识、智能巡护和远程控制等机制，结合长庆油田的特点，集成、整合现有的综合资源，优化简化工艺流程、生产设施，合理确定数字化检测点，提升工艺过程的监控水平和智能化水平，达到强化安全、过程监控、节约人力资源、降低建设投资和提高效益的目标。

（二）关键要素

长庆油田针对监督管理方面的地面监理业务 QHSE 监管信息化系统整合平台的公司级展示界面以整体监管为主，关注重点风险防范指标，主要体现为以下几点：一是重点工程和危大作业数量及其分布；二是项目总览显示场站工程、管线工程等 9 项业务开工情况；三是管线类型分布显示集油、集气、注水等 5 类管线工程开工情况；四是场站类型分布显示增压点、联合站、接转站等 10 类场站开工情况；五是问题分布总览显示按要素统计发现问题的数量；六是作业情况显示进行中的 9 类高危作业当日以及累计数量。通过对地面监理业务指标信息化，长庆油田充分发挥出地面监理的管理职能。

（三）实施效果

信息化模式下地面监理工作可以有效实现监理预控。监理预控是长庆油田在油田地面建设工程中一直推行的监理工作方法，也是保障工程建设顺利实施的一种有效方法。监理预控就是针对工程建设中各工序的工程通病，结合现场监理经验，事先分析可能发生的问题和存在的隐患，针对产生的原因和影响因素提出相应的预防措施和对策，实现对工程的主动控制。通过预控可以规范操作、消除隐患、规避风险，避免出现质量和安全事故，避免造成不必要的损失，从而保证工序质量，提高工程质量，实现项目工程的质量、进度、投资等计划目标(见表5-3)。

表 5-3　　　　　　　　QHSE 监管平台实施前后地面监理业务变化

项　　目	实　施　前	实　施　后
看护方式	人工看护、定时巡查	电子巡井、报警提示
预警方式	人工检查、经验推断	实时系统智能分析
报警方式	电话上报	实施逐级监视
反应时间	有一定时间	同步多手段
风险源接触	定期例行巡查	目标巡查
堵塞判断	事后处理	事前预警
泄漏判断	人工巡线找漏	系统同步判断、提示方位

信息化模式下地面监理工作切实贯彻施工监理机制落实。长庆油田施工监理机制是对工程人员的各种行为进行全面监控、认真指导与有效评价，主要包括咨询、监管、协调以及服务等。因此，基于 QHSE 监管信息化系统整合平台，地面监理模块可以对开复工情况有直观分析，包括油田站场、气田站场、油田管线、气田管线等，对于重大工程等项目，不仅更重视人员培训与设备管理等各个方面的环节，做到质量监督的全面管理。而且能充分提高监理者的综合业务水平，做好更完备的细化分工，保证施工监理作用的有效发挥。

信息化模式下地面监理工作可以有效加强地面工程分析诊断功能。长庆油田 QHSE 监管信息化系统整合平台，在确保安全环保的前提下，通过对工艺流程、生产设施的优化简化，达到降低建设投资、简化管理流程的目的。不追求单台设备的高水平，以系统的最佳匹配为标准，对站场关键设备进行优化。此外，借助 QHSE 监管信息化系统整合平台对生产过程进行 24h 实时监控，对照历史数据和经验数据进行预警、报警；同时提升分析平台的智能化水平，利用数据分析、数据整合、数据共享技术，结合相关数学模型、经验数据、专家系统，对生产管理过程进行智能化指导，例如质量管理问题的总数量及整改数、安全管理问题等级总数量及整改数等。

信息化模式下地面监理工作可以充分提高管理效率。在中心站设置运行监控、站点检修、远程监控站运行和站外巡检等岗位，对油田站场、气田场站、油田管线、气田管线进行现场管理。这些岗位的功能包括：执行作业区调控中心指令，监控辖区内原油的生产和集输、油田注水和配注执行等；远程操作油气的集中处理、计量、外输及站内设备流程；负责应急抢险、日常巡检和维护，以及各可控的无人值守井场、站点重点区域的视频监控等。

第六章　业务管理实现

本章主要介绍的是 QHSE 监管信息化系统整合平台的业务管理系统构建的理论基础、建设目标、具体功能以及优化平台业务管理能力的路径与方向。总的来讲，QHSE 监管信息化系统整合平台化的业务管理系统覆盖了 6 项监管业务、30 项监管内容。文章通过分析 QHSE 监管信息化系统整合平台业务管理各模块与"安全生产一体化监管、业务流归集、数据流统一、大数据分析"总体目标间的连接关系，展示了 QHSE 监管信息化系统整合平台构建大型低渗透油气田大监督体系，服务于安全生产业务管理、数据分析统计、辅助管理决策的关键性功能。

从章节结构看，本章通过追溯业务管理系统设计的理念内涵，探寻业务管理系统构建的底层逻辑，引出建设 QHSE 监管信息化系统整合平台业务管理系统的目标要义。在此基础上，本书结合具体业务管理需求，梳理出该系统可实现的业务管理功能的具体内容，凝练出长庆油田 QHSE 监管信息化系统整合平台安全生产业务一体化监管的突出亮点。

第一节　OKR 的秉持与解构

一、长庆油田业务管理的运行起点

（一）以 OKR 为方法论的业务管理体系探索

OKR(Objectives and Key Results)即目标与关键成果法，是指通过明确目标和关键结果，使员工更积极主动地将关注焦点聚集在公司(团队)的目标上的一套工作方法。它可以广泛用于一个系统中的各级组织，是长庆油田 QHSE 监管信息化系统整合平台业务管理系统设计遵循的重要理论方法之一。OKR强调用明确的目标(Objectives)和足以衡量、验证目标完成情况的具体的指标标准，即关键成果(Key Results)来推动组织运行，建设业务管理体系。

所谓目标，是指驱动组织朝期望方向前进的定性追求，一个好的目标应当是有时限要求的(如某个季度可完成的)、鼓舞人心的、能激发团队达成共鸣的。目标承接的是组织的使命、愿景和战略，它是在充分理解组织的使命、愿景、战略的基础上制定出来的一个前进方向。

所谓关键结果(Key Results)，是一种用于衡量指定目标的达成情况的定量描述。关键结果启发的是项目与任务，它代表的是实现目标的策略和路径，如果一个组织达成了既定目标，表现出来的结果便是关键结果。

OKR在长庆油田业务管理中的作用机制如图6-1所示。

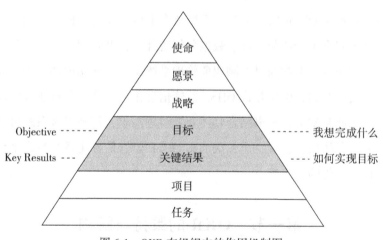

图6-1　OKR在组织中的作用机制图

(二)以OKR为方法论的业务管理要素解构

OKR作为一种强大的管理工具，作用方式独特而高效。长庆油田基于OKR提出了具有石油行业特色的业务管理模式。总的来说，长庆油田的业务管理具有以下特点：聚焦、协同、追踪和延展(见图6-2)。

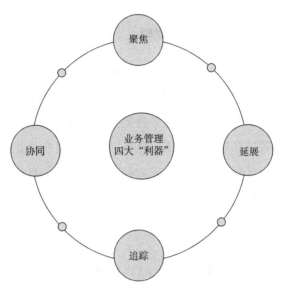

图 6-2　长庆油田业务管理基本特征图

聚焦——对优先事项的聚焦和承诺。秉行聚焦精力于重要的工作的原则，长庆油田提出利用 OKR 明确目标，协助领导层做出重要决策，助力部门、团队及个人进行精准沟通，从实际行动中夯实总体业务管理目标，把工作精力聚焦在推动目标达成的关键成功要素点上，进而实现安全生产一体化监管。

协同——团队工作的协同和联系。OKR 具有透明性，上自公司领导层，下至一般员工，每个人的目标都是公开的。每个员工都将个人目标与公司计划紧密地联系起来，进而明确两者之间的依赖关系，并与其他团队展开通力协作。长庆油田充分利用 OKR 的这种特性，将员工个人贡献与公司业务管理的成功联系起来，为其工作赋予了特定的意义。这种自上而下的协同，加深了员工的主人翁意识，促进了个人的参与和创新。

追踪——业务责任的探寻与追踪。OKR 是由数据驱动的。定期检查、目标评分和持续的重新评估可以让 OKR 充满生机。长庆油田以 OKR 为基础，开展的责任追究与绩效评价使得组织能够对安全突发事件迅速做出回应，使相关工作回到正轨。

延展——充分延展进而挑战不可能。长庆油田利用 OKR 激励员工不断超越之前设定的各种可能。通过挑战极限和允许失败，OKR 能够促使长庆油田整体释放出强大创造力，推动安全生产一体化监管取得新成效。

二、业务管理系统构建的底层逻辑

以 OKR 为工作方法论，长庆油田基于 QHSE 管理体系开发了以"633"为设计原则，以"4+4"为系统构架的长庆油田 QHSE 信息化系统整合平台业务管理系统。系统集成了六大业务模块，实现了各类报表生成、安全数据统计分析、职业健康知识共享及预警信息发布等功能。该系统可在规范企业业务管理、业务信息共享、辅助系统用户进行科学决策等方面取得显著成效，对长庆油田的生产、经营、安全有积极促进作用。

（一）"633"指导原则的坚持与运用

QHSE 业务管理系统的建设遵循"633"原则，即六目标、三界面、三测试，该原则贯穿长庆油田 QHSE 信息化系统整合平台业务管理系统全过程。

"六目标"是指，长庆油田将业务管理的目标分为六项，即质量管理、节能管理、安全管理、消防管理、职业卫生管理和环保管理。六项业务管理目标互相独立，从不同方面为油田的顺利开发、长庆油田绿色转型提供保障。

"三界面"包括公司级用户系统操作界面、厂处级用户平台操作界面、作业区级用户平台操作界面的功能明确与设计。该部分旨在划分系统使用者权限，明确系统使用各方的管理责任。

"三测试"包括功能验证测试、性能测试及安全测试，用以维护系统正常操作与使用。

（二）"4+4"系统架构的理念与解析

为实现六项业务管理目标，长庆油田 QHSE 信息化系统整合平台的业务管理系统采用基于 web 的 Browser/Server 结构，B/S 模式的系统的数据信息浏览、录入与查找方法，结合系统设计原则及相关需求，构建了涵盖四个层级的业务系统框架；并根据不同层级所需达到的业务管理目标，长庆油田 QHSE 信息化系统整合平台业务管理系统的 UI 界面设置为三种，形成了"4+4"业务系统构建法（见图 6-3）。

4 个层级包括数据采集层、数据处理层、业务处理层、信息展现层：

（1）数据采集层：通过 PC 端和移动端向系统、数据库上传安全组织机构、业务执行计划、高风险作业管理、环保资源投入及安全管理人员信息等基本数据以支持系统正常运行。

（2）数据处理层：系统对数据库信息进行抓取，进行业务数据、历史数据挖掘统计，对用户填报申请、事件进行自动通知与预警分析。

（3）业务处理层：长庆油田 QHSE 信息化系统整合平台的业务管理系统核心，提供业务管理各项功能，共分为安全管理、环保管理、质量管理等 6 个基本模块，按照公司总部、厂处单位和作业区 3 个用户层级展开，不同层级用户管理职责不同，权限也不同。

（4）信息展现层：面向用户的系统信息访问界面，为长庆油田业务管理者提供信息交互，不同层级用户可访问内容及权限不同。

长庆油田 QHSE 信息化系统整合平台的业务管理系统基本框架如图 6-3。

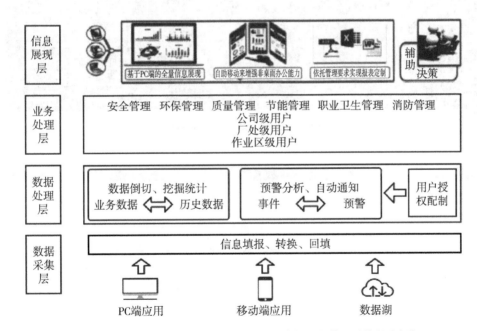

图 6-3　长庆油田 QHSE 信息化系统整合平台的业务管理系统基本框架

4 类单独模块包括质量计量、生态环保、节能节水、消防保卫（见图 6-4）。

QHSE 信息化系统整合平台（见图 6-5）中，业务管理将质量计量、生态环保、节能节水、消防保卫模块单独展示，重点管控信息为质量管理显示计量器具统计及 QC 活动开展等情况；消防管理显示重点防火部位、动火作业消防监护情况；环保管理显示污染物排放、监测、燃料消耗以及绿色矿山、环境风险评估等情况；节能管理显示综合能耗和单位生产能耗以及节能、节水指标完成情况。

图 6-4　业务管理模块展示界面图

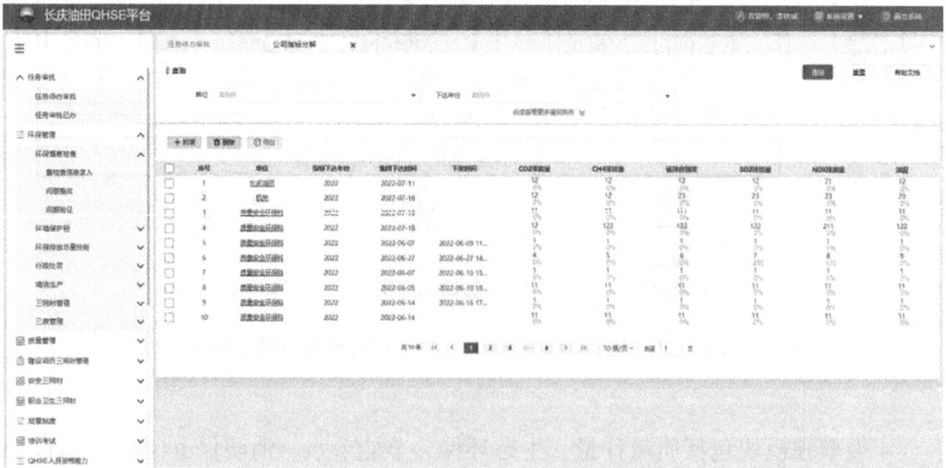

图 6-5　QHSE 监管信息化系统整合平台用户操作界面(UI)

同时，长庆油田 QHSE 信息化系统整合平台的业务管理模块设置了对外窗口链接，助力六项业务模块间以及与其他功能模块间数据共享、协作工作。该模块各业务的信息填报功能也十分完善，助力长庆油田实现追责到人。此外，指标添加和删除功能和检修（模拟）功能也是此模块的一大亮点设计。通过授权增加删除关键控制点和检修功能的合用，可实现拔高目标和对新目标结果的精准预测，实现目标正向激励，释放生产活力，推动长庆油田安全生产一体化。

第二节　业务需求的赓续与革新

石油行业是高温、高压、低温、易燃易爆、易腐蚀泄露的危险行业，因而油田企业的生产作业具有很强的特殊性，对于业务管理的要求相对较高。长庆油田投入了大量的人力、物力和财力去构建和实施高质量的业务管理体系。然而，在实际执行过程中，员工的"低老坏"行为重复出现，执纪不严、安全管理让位于时效的事情时有发生，油田的安全形势日趋严峻，这背后暴露出安全执行力不足等系列问题。

为此，长庆油田针对该区域油区"点多、线长、面广"、安全风险源"数量多、不集中"、生产建设市场化程度高、各方面人员安全素养差别大、安全生产管理难度大等实际现状，深入贯彻习近平新时代安全发展理念和生态文明思想，加强信息资源开发利用，以数字化技术研究与应用为导向，发挥智能化对安全生产的革命性作用，以努力提升本质安全水平为目标，力求在 OKR 的指导下，构建一个强有力的安全生产一体化业务监管体系，提升业务管理效能，切实保障企业、员工的生命财产安全，推动油田绿色高质量发展，为国家能源安全提供坚实保障。

一、现存系统为信息化建设缔造坚实基础

目前，长庆石油的多个操作系统中皆设置了业务管理模块，这些业务模块多是依据当时的政策规定及业务需求进行研发，通过总结出各项业务目标的关键控制点，据此收集、分析、对比关键指标数据，评定各项业务目标的完成程度，一定程度上推动了长庆油田安全作业、健康生产，为信息化建设打下了坚实基础，

但也使数字化业务管理形成了范围广、集中度小的局面。六项业务管理现状见表6-1。

表 6-1 现有系统业务管理明细表

业务目标	归口部门	管理内容	现有系统
安全管理	安全生产管理科 安全技术管理科 油田设备管理科	项目安全、风险管理、危险源管理、安全观察和安全措施管理	CEM系统、集团公司危化品油气泄漏监测预警系统、长庆油田重大危险源管理系统、长庆油田HSE信息网
环保管理	质量安全环保科	环境监测、环境装置、三废管理、指标控制、危废管控及排污许可	HSE信息系统V2.0 固废管控系统
质量管理	质量安全环保科	质量分析、质量控制、质量改进、质量对比分析和质量考核	HSE信息系统V2.0和工程技术管理部系统、工程监督处的系统、监理公司系统、基建工程部系统、工程质量监督站、技术监测中心系统、物资供应处ERP系统和物资装备处系统
节能管理	节能管理科	节能节水统计、节能项目管理、节能审查、能源审计、节能监察、节能技术管理、节能监测	集团公司节能节水系统(E7项目)
职业卫生管理	安全生产管理科	预防、控制职业病危害，保障劳动者健康和相关权益	HSE信息系统V2.0 协同办公平台
消防管理	安全技术管理科	对消防工作、消防物品等能预防隐患的系列工作进行管理	HSE信息系统V2.0 协同办公平台

二、业务需求为单模块资源提供整合动力

(一)业务管理是实现绿色生产的重要保障

当前，长庆油田深刻认识到，环境保护不仅是公益和社会责任问题，也是推动石油绿色生产，市场绿色发展、降低气候变化风险的关键举措，更是日益席卷全球的大潮流。因此，加强对环保业务、节能业务、生产质量的管理是长庆油田的必然选择。

1. 环保管理功能

长庆油田将环保管理列为业务管理的一个独立目标，以加强对环保工作的重视。环保管理作为油田企业业务管理的基本工作，管理制度的完善与执行，直接关系到油田企业的生产环境以及生产环节的生态保护。明确长庆油田生产环境中涉及的各类可能影响安全性或对周围生态环境造成一定损害的因素，合理制定安全环保管理措施，督促监管人员严格履行自身职责，对长庆油田的稳定发展以及竞争实力的提升有显著意义。

目前，中国石油集团公司涵盖环保管理功能的自用系统的具体功能尚不能满足当前与日俱增的环保业务需求。因此，长庆油田 QHSE 监管信息化系统整合平台中的环保管理功能需整体重新设计搭建。

2. 节能管理功能

目前，油田公司主要应用集团公司节能节水系统(E7 项目)进行节能节水业务管理工作。集团公司节能节水系统(E7 项目)由勘探院西北分院、瑞飞建设，目前是 1.0 版本。部分功能模块正在进行系统功能升级，油田公司每月通过 E7系统向集团公司上报报表。系统模块涵盖了本次调研涉及的大多数业务，包括节能统计、节能项目管理、节能审查、节能技术几项，但适用性不强，具体功能需要结合用户实际业务需求进行改进。

3. 质量管理功能

石油工业作为国民经济的基础工业，是国民经济的动力和血液。石油企业进行的是过程性生产，其最终产品即原油和天然气的质量是天然形成的，是不依赖生产过程而独立存在的。因此，关于石油业务的质量管理存在以下几个特点：一

是根据具体石油生产条件和施工要求使用不同的质量标准；二是对采购物资的全过程把控，保证石油开发成本可控；三是对石油开发实行全覆盖质量管理，四是对石油开发技术进行管理从而保证石油开发质量。

目前，中国石油集团公司涵盖质量管理功能的自用系统冗杂，各系统间信息互融能力不足，且部门功能需要完善。因此，长庆油田 QHSE 监管信息化系统整合平台中的质量管理功能需优化重构。

（二）业务管理是实现安全生产的内在要求

加强对安全管理业务、职业卫生业务和消防业务的管理是长庆油田的必然选择，是长庆油田贯彻习近平总书记安全生产重要指示，践行总体国家安全观，推动能源安全高水平发展的重要体现。

1. 安全管理

业务管理系统中的安全管理业务是对石油业务安全运作的全过程管理。因此，安全管理业务涉及多个归口管理部门，具体业务的内涵也十分丰富。从管理内容角度看，安全管理主要包含项目安全、风险管理、危险源管理、安全观察和安全措施管理五个方面；从业务流程角度看，安全管理主要包含对重大危险源的管理和对化学品的管理。其中，重大危险源管理包括重大危险源辨识评估、重大危险源备案、重大危险源核销管理、重大危险源包保责任人落实等基础管理，以及重大危险源监测监控、应急管理等过程性管理；化学品管理是指对于外部采购化学品安全性的管理，包括对化学品卖家的资质审核管理以及石油公司外购化学品日常使用量的统计管理。

经统计，长庆油田自用系统中包含安全管理模块的系统较多，各系统中安全管理模块功能存在差异和交叉重叠。现存系统主要包括：

（1）OCEM 系统。

OCEM 系统中安全环保监控模块中主要涵盖重大危险源个数、监控数据个数、报警个数、监控视频路数、视频上线率、管控措施条数、隐患问题整改个数（明细）等 7 个关键指标，主要可反映各级重大危险源风险管控措施完成个数、过期未完成个数；集团公司、油田公司、二级单位问题已整改数、未整改数、整改完成率；各单位监控数据分布情况以及在 GIS 静态地图上按照展示各重大危险源的管控措施、实时监控、视频监控、隐患问题整改明细。

（2）集团公司危化品油气泄漏监测预警系统。

集团危化品监测预警系统中包括重大危险源管理、动态监控、报警数据管理、预警信息管理等模块，可实现重大危险源档案、重大危险源监测监控管理、预警信息发布及处置等功能。

（3）长庆油田重大危险源管理系统。

长庆油田重大危险源管理系统中涵盖重大危险源管控措施的功能。

（4）长庆油田 HSE 信息网。

在油田公司首页有一个模块，包括"油田化学助剂鉴定报告及安全技术说明书查询""危险化学品安全标准查询""化学品安全技术说明书查询""易制爆危险化学品名录""危险化学品目录查询"。其中，"油田化学助剂鉴定报告及安全技术说明书查询"主要由物资供应处的人在维护样品种类的供应商、鉴定报告、安全技术说明书等内容，其他 4 个页面仅供查询，链接的 HSE 信息系统、国家危化品登记系统。具体详见图6-6。

图 6-6　长庆油田 HSE 信息网安全管理界面图

2. 职业卫生管理

石油行业是我国国民经济支柱产业之一，在我国的国民经济发展方面发挥了极大的作用。在石油生产中，许多化工产品的原料、中间体与产品都是有毒物质，加之生产过程中需要的辅助物料，以及生产过程中产生的副产物等，也均可能是有毒物质。作业人员长期处在这种环境中，极有可能出现中毒的情况，这就会构成职业病。职业病发病具有滞后性、迟发性，常见的如肺尘埃沉着病，发病时间在5~10年，甚至30年。此外，噪声、振动、辐射、高低温等职业病危害因素，都可能对作业人员的健康造成影响。因此，石油企业必须要做好职业卫生管理工作，保障劳动者的生命健康权益。

目前，长庆油田的职业卫生管理主要通过协同办公平台进行，但该项功能仍需完善。因此，长庆油田 QHSE 监管信息化系统整合平台中的职业卫生管理功能需再将原有系统优化重构。

3. 消防管理

石油炼制，从原料到产品，包括工艺过程中的半成品、中间体、各种溶剂、添加剂、催化剂、引发剂、试剂等，绝大多数属于易燃易爆物质，这些物质多以气体和液体状态存在，极易泄漏和挥发，尤其在加工生产过程中，工艺操作条件苛刻，有高温、深冷、高压、真空，许多加热温度都达到和超过了物质的自燃点，一旦操作失误或因设备失修，便极易发生火灾爆炸事故。而且，从生产方式来看，装置一旦投入生产，不分昼夜，不分节假日，长周期连续作业。石油化工生产装置又都是以管道、反应容器、加热炉、分馏塔等为基础，布置相应框架构成一个整体的装置进行生产，框架的布局从下到上依次是泵（液相、提供动力）—换热器（热能交换）—回流罐（气液分离）—空冷器（初级降温），危险性也在逐步递增。在石油生产中，各工序和原料互通互供，任何一处发生泄漏，可燃易燃物料都有发生爆炸燃烧的可能，而任何一点发生爆炸燃烧，都可以引发更大范围的爆炸燃烧，形成连锁反应，导致泄漏、着火、爆炸、设施倒塌等连锁性复合型灾害，如工艺及消防措施不到位，极易引发系统的连锁反应和多种险情。因此，业务管理中的消防管理作为预防性工作，十分重要。

目前，长庆油田的消防管理主要通过协同办公平台进行，但该系统中目前只有过程考核功能，因此，长庆油田 QHSE 监管信息化系统整合平台中的消防管理功能需再将原有系统优化重构，进行全新开发。

三、业务目标为平台数字化引领前进方向

为进一步夯实油田公司 QHSE 监管基础，持续推进 QHSE 信息化监管系统建设，稳步提升在勘探开发、项目建设、生产组织、运行维护等业务领域 QHSE 监管水平，长庆油田整合梳理了新时期业务管理的目标。六项业务的总体管理目标见表 6-2。

表 6-2 六项业务管理目标表

业务名称	业 务 目 标
质量管理	通过对石油作业质量进行管控考核分析，守牢油田生产的命脉，实现长庆油田的运营资产良性运作，生产效率稳步提升，提升长庆油田品牌知名度
节能管理	通过对生产能耗进行管控，碳排放进行科学核算，节能技术进行有效改进，项目能耗、能效进行考核测评推动长庆油田提高能源节约和资源综合利用技术水平
安全管理	通过对重大危险源进行实时管控、对人员、机械设备等关键要素进行动态观察、定期监测、对安全生产措施进行合理更新，实现石油生产业务全流程安全管理
消防管理	通过对消防车辆、消防人员、消防器材、各级单位消防出勤率进行管理、消防战训进行模拟实现对长庆油田消防业务的全线管理，为长庆油田安全生产提供消除危机，防范危机的重要保障
职业卫生管理	通过对职业卫生环境进行监测，危害场所进行有效治理，劳动用品和员工体检进行管理实现长庆油田健康生产
环保管理	通过环保指标设定、环境质量监测、环境装置维修、三废处理管理制度更新、排污和危废气体管控实现长庆油田绿色生产

（一）聚焦安全管理，打造业务一体化

因现有系统存在功能重复，数据无法统一传送，所以长庆油田 QHSE 监管信

息化系统整合平台的安全管理功能主要是在对现有安全管理平台功能整合优化的基础上，汇总安全管理数据，并依据各部门需求新增系列安全监管功能。拟实现的安全管理需求如下：

实现原系统功能集成。一是实现与集团公司危险化学品油气泄漏监测预警系统的集成。将集团公司危险化学品油气泄漏监测预警系统中的重大危险源档案数据推送到 QHSE 监管信息化系统整合平台，后期在油田公司 QHSE 监管信息化系统整合平台中维护更新，并自动推送到集团危化品系统。二是实现动态数据从油田公司实时数据库中集成。三是实现重大危险源管理功能与集团公司油气泄漏监测预警系统功能保持同步，数据与集团公司油气泄漏监测预警系统实现共享。

实现平台功能优化与完善。一方面，要重设安全管理界面，实现应用不同样式、颜色展示重大危险源级别、预警级别、风险级别等多个指标的等级。另一方面，要优化重大危险源分级管控、危化品管理功能，实现问题实时预警，精准推送。一是要实现重大危险源预警信息通过"即时通"推送给相应的责任人，通过设置一级预警信息接收人，以接收红、橙、黄、蓝四级预警信息。二是要实现重大危险源报警信息通过"即时通"推送给基层人员。三是要实现重大危险源预警信息由集团危化品系统推送到油田 QHSE 监管信息化系统整合平台，使得用户在 QHSE 监管信息化系统整合平台中填写完预警处置情况后反推到集团危化品系统。四是在"油田化学品助剂鉴定报告及安全技术说明书查询"功能的基础上优化，同时增加供应商配置页面，实现界面清晰、操作便捷。

新增三级功能模块：维修监管和问题整改模块。实现"检、维、修、标、定"独立管理，测试数据不作真实报警数据上传。问题整改模块中，全面西安市安全问题整改进度，实现整改信息输入后自动共享。

(二) 强化环保管理，开发数据共享化

业务管理中的环保管理模块需按照梦想云框架，在长庆油田安眼系统中开发整套用户界面。通过将环保监管数据接入油田公司"数据湖"，实现数据的统一与共享。具体来看，环保管理模块拟实现以下需求：

实现集团下达的监测计划的高效传达。推动各单位实现按照监测计划对日常监测、监督性监测进行规范、管理。实现三废中固废模块与集团系统数据同步，做好统计分析和台账管理。实现废水处理中"外委"部分的填报审批及表单导出的数据统计。实现此模块与其他业务模块的关联。实现环保一张图的可视化需求，在 GIS 地图中直观展示各关注指标的统计分析、预报警信息和工作代办。

(三)深挖质量管理，形成内容系统化

业务管理中的质量管理模块需按照梦想云框架，将原系统功能导入长庆油田安眼系统中，开发整套用户界面。通过将质量管理数据接入油田公司"数据湖"，实现数据的统一与共享。具体来看，质量管理模块拟实现以下需求：

实现协同办公平台中质量管理的数据与内容迁移。

实现"增加质量活动管理""计量器具""QC 小组"部分的功能开发。实现与涉及的对应系统进行数据对接，确保数据来源统一。

(四)压实节能管理，新增功能多样化

集团公司 E7 系统基本涵盖油田公司节能节水业务，但管理层级大多数只到油田公司一级，无法实现油田公司对二级单位的管理需求，因此，业务管理中的节能管理模块需按照梦想云框架，将原系统功能导入长庆油田安眼系统中，开发整套用户界面，将业务权限下放至二级单位和基层单位。具体来看，节能管理模块拟实现以下功能：节能节水统计、节能项目管理、节能审查、能源审计、节能监察、节能技术管理、节能监测和能源管控。

(五)优化消防管理，创建内容实用化

目前，长庆油田的消防管理尚未拥有一套完整业务操作系统，因此，业务管理中的消防管理模块需按照梦想云框架，在长庆油田安眼系统中开发整套用户界面，通过将数据接入油田公司"数据湖"，实现数据的统一与共享。具体来看，消防管理模块拟实现以下需求：

实现消防管理系统下沉至基层工作区，实现作业区工作人员填报数据，各级用户共享浏览。实现消防模块与集团统建系统的对接，相关数据要有审核管理功能，审核过的数据才能推送集团。实现用户层级、权限管理的区分。

（六）督促职业卫生管理，建设信息全面化

业务管理中的职业卫生管理模块需按照梦想云框架，将原系统功能导入长庆油田安眼系统中，开发整套用户界面。通过将职业卫生管理数据接入油田公司"数据湖"，实现数据的统一与共享。总的来讲，职业卫生管理模块拟实现接害岗位、接害因素等相关功能的开发，实现协同办公平台中质量管理的数据与内容迁移，实现与涉及的对应系统数据对接，确保数据来源统一。

第三节　业务管理的实现与提升

一、以全流程监控实现安全管理

（一）建设内涵

在长庆油田 QHSE 监管信息化系统整合平台中，安全管理模块可以满足不同级别用户的使用需求，帮助各层级平台使用者落实主体责任，充分落实"谁主管，谁负责"的工作原则。

（二）功能实现

从管理内容和上看，安全管理模块主要实现了项目安全，业务风险管控、危险源管理等五个功能，具体见表6-3。

从业务流程角度来讲，安全管理模块主要对重大危险源和外部采购化学品的进行管控。其中重大危险源管理模块主要包括重大危险源基础管理、动态监测、报警管理、在线巡查、预警管理、预警分析报告、安全承诺公告、专项整改等9项功能，外购化学品管理模块主要包括供应商资质、化学物品使用量、化学品出入库情况管理等功能。

此模块相关功能菜单设置详细，方便用户进行查询统计，可实现对公司业务的全过程安全管理。

表 6-3　　　　**QHSE 监管信息化系统整合平台安全管理功能实现明细表**

监管内容	功能实现
项目安全	通过对生产的设备、技术进行更新检查，对项目人员进行安全培训，并将安全控制工作量化，运用数据填报与分析，实现对项目实施环境和项目实施内容的全过程安全把控
风险管理	通过信息技术识别生产经营活动中存在的危险、有害因素，并运用定性或定量的统计分析方法确定其风险严重程度，进而自动生成风险控制的优先顺序和风险控制措施，协助长庆油田达到改善安全生产环境、减少和杜绝安全生产事故
危险源管理	通过识别、评价生产中存在的安全危险源，实现风险把控，安全生产
安全观察	通过上传安全观察计划、实施动态和总结报告，分析安全观察工作的频率、执行度和效果，为后续工作中的持续改进提供有支撑性的建议和结论
安全措施管理	通过系统模板规范安全技术措施计划的编制和审批程序，发布安全技术措施管理制度规定。通过记录安全技术措施计划执行情况的检查和报告，实现对生产中不安全因素的控制，预防工伤等安全事故的发生

二、以指标监控激活环保管理

QHSE 监管信息化系统整合平台通过不同功能为公司级用户呈现环保管理各项业务的总体形势，其具体内容契合具体监管目标。例如，为指导和协调环境保护监测活动，QHSE 监管信息化系统整合平台开通了环境监测模块和环保督察检查模块，内含监测计划制订、检查台账等多项二级、三级菜单供用户浏览。在协同其他功能共同运行的情况下，用户通过对环境报表进行解读，能够迅速掌握公司环境保护的统计数据，可实现对环境状况的动态管理，具体见表6-4 所示。

表 6-4　　　　QHSE 监管信息化系统整合平台环保管理功能明细表

监管内容	监 管 目 标	平 台 功 能
环境监测	指导和协调 环境保护监测活动	环境基础设置、环保三同时 环保检查督查、监测计划等
环境装置	环保设备设施管理	环境基础配置等
三废管理	三废统计分析	环保排放总量控制、环保税计算、清洁 生产、三废填报等
指标控制	环保指标总量控制的 指导、支持和监督	环保排放总量控制、环保税基础配置、 环保税可视化等
危废管控	危废排放审核及 环境事件处理	清洁生产、行政处罚、环境事件管理等
排污许可	环保排放量控制及法律法规 宣传	行政处罚、生态红线管理、培训管理等

（一）建设内涵

业务管理主题覆盖下的环保管理是对长庆油田绿色生产的把控和污染物排放的监管，其涵盖内容翔实，符合我国可持续发展政策及"双碳"目标。具体来看，环保管理的主要内容包括环境监测、环境装置、三废管理、指标控制、危废管控及排污许可。具体业务流程包括制定环保监测计划、登记污染物指标、填报三废数据、上传环境因素识别评价结果及环境监测结果。

（二）功能实现

在环保管理模块中，不同级别用户界面展示内容根据用户需求的变化而变化。总的来说，公司级平台系统的用户是公司环保处人员和环保管理部门人员。其监管目标为通过解读重点指标数据，掌握公司环保业务总体情况，进而做出工作计划，化解环境风险。所以，公司级用户的环保管理界面页面重点展示的是统计分析数据情况、趋势和重点风险源。进入 QHSE 监管信息化系统整合平台用户界面后，公司级用户能够直观看到公司整体环保作业数据，并通过不同颜色的图表迅速了解公司环保工作的整体情况，并据此做出相应决策。

环保管理业务的厂处级用户主要是指各分厂的环保管理人员，其业务目标是对绿色生产和环保流程进行掌控，强调责任落实，因此，该层级的 QHSE 监管信息化系统整合平台为用户提供了数据浏览界面和数据录入界面，协助厂处级用户掌握本单位环境保护情况，并及时下达上级环保指标指令。例如，QHSE 监管信息化系统整合平台为该层级用户提供的数据填报功能使得厂处级环保管理人员能够及时出具环境月报及年报、三废排放数据统计，并为下级录入排放指标，实现厂处级环保指标总量控制；能够为厂处级用户自动生成不同装置、不同监测项目的纳税额，提供环保三同时编制上报功能。

环保管理业务的作业区级用户主要是指各作业区的环保管理人员，其业务目标是对具体环境数据的准确采集与填报。因此，该层级的 QHSE 监管信息化系统整合平台环保管理界面主要展示的是各类数据的填报窗口。对于不同环保管理内容，QHSE 监管信息化系统整合平台提供了不同的数据采集信息及填写标准，助力环境保护台账的形成。

三、以数据分析强化质量管理

（一）建设内涵

长庆油田的质量管理科对石油业务实施了较全面的质量管理。从内容上看，长庆油田质量管理的主要包括质量分析、质量控制、质量改进、质量对比分析和质量考核，从现阶段业务流程看，长庆油田实施的质量管理主要包括对质量指标管理、质量事故事件管理、质量管理人员管理、质量管理活动管理、质量管理工作量化管理、产品质量监督、井筒工程质量监督、地面工程质量监督和计量管理。

（二）功能实现

业务管理系统下的质量管理模块主要是通过质量监督、质量专项检查、产品质量监督、产品质量抽查等功能，实现油田公司质量控制指标管理、质量监管报表管理、质量控制情况考核等工作的过程、结果性管理。同时，通过实计量管理功能和 QC 小组管理功能实现对石油日常业务工作质量的信息化管理。此项管理功能共涉及六个方面的质量管理内容，25 项具体功能。质量管理功能的详细内容见表 6-5。

表 6-5　　　　**QHSE 监管信息化系统整合平台质量管理功能明细表**

监 管 内 容	监 管 目 标	平 台 功 能
质量管理活动管理	规范质量管理活动内容及形式，提升长庆油田业务质量	质量监督通报、质量专项检查；质量加分项填报、质量问题填报；质量管理工作量化评分；质量管理工作汇总表格处理
计量管理	详细计量人员信息的管理明确计量器具的统计分析	计量人员管理、计量器具管理
产品质量监督	确保产品合格率	产品质量监督、不合格物品处理；产品质量抽查汇总；统计分析（产品类别）；统计分析（各单位抽检信息）
质量人员管理	质量管理人员信息管理	质量管理人员信息录入、维护、查询、删除
QC 小组管理	对 QC 小组人员及其活动管理助力企业实现低耗高质生产	QC 小组登记、QC 小组成果登记；QC 小组诊断师信息管理；QC 小组课题注册管理；QC 小组活动推荐、活动情况统计；质量信得过班组推荐；质量信得过班组活动统计
质量事故事件	通过统计分析解剖质量事故，对质量事故进行预防或更正，提高本公司的信誉和声誉，实现公司的质量方针和目标	质量事故事件报告单填报、浏览、统计分析

长庆油田 QHSE 信息化整合平台通过上述功能，可实现对工序的检验和产品

质量过程的追溯，进而对不合格品以及整改过程进行严格控制，降低原料损耗，提升生产效率。通过充分利用大数据分析和算法，实现质量问题预防、诊断和控制，促使油田公司的质量管理再次升级。

四、以业务监督推行节能管理

（一）建设内涵

业务管理主题覆盖下的节能管理是长庆油田提高资源利用率，促进公司向资源节约型企业改革的重要举措。它包括对业务能耗的管控，碳排放的核算、节能技术改造进度的把控、项目能耗的评估和企业能效的考核等多个方面，其主管部门为油田公司的质量安全环保部节能管理科以及二级单位的相关科室。该项业务的主要工作有：节能节水统计、节能项目管理、节能审查、能源审计、节能监察、节能技术管理、节能监测和能源管控平台建设。

（二）功能实现

业务管理系统中节能管理功能通过将采集的数据进行归纳、分析和整理，结合生产计划数据，可以实现对能耗的管理，如能源实绩分析、能源质量研究、能源成本费用分析、能源平衡分析、能源预测分析等。具体来说，节能管理模块主要包含节能节水统计、节能项目管理、节能审查、能源审计、节能监察5项管理内容，细分为数据浏览、项目汇总、整改情况查询等10余项具体功能。

该模块不同管理功能的使用权限有别。例如，节能节水指标展示、E7数据浏览可供长庆油田全部内部员工使用，而企业数据填报、项目管理、节能三同时管理、能源审计信息管理、审计问题整改、监察记录管理和监察整改功能的用户权限则只下放至二级单位管理人员。各具体功能间的内容划分清晰，又能够相互衔接，达成节能业务实现目标。例如，节能项目管理模块中，项目管理是对节能节水建设项目的全过程管理，包括项目基本信息管理、款项支付情况，科研与初设、施工、试运行、验收、后评价等各个阶段的过程管理和成果管理；项目汇总是按照年度，对不同项目性质的项目进行汇总统计，统计内容包括项目数量、项目完成数量、项目投资、节能量、节水量、经济效益等数据，两个功能使公司对节能项目的管理更加完善、便捷，节能项目信息展示更加清楚明了。关于业务管理的具体功能详见表6-6。

表6-6 　　　　　 **QHSE监管信息化系统整合平台节能管理功能明细表**

监管内容	监管目标	平台功能
节能节水统计	把控企业能源消耗、水资源消耗情况，提升合理用能效率	节能指标展示、E7数据浏览、节能节水数据填报
节能项目管理	降低能耗、节能增效、实现绿色生产	节能项目管理、节能项目信息统计汇总
节能审查	实现对节能"三同时"工作中节能报告和节能验收的管理	对建设项目节能三同时工作进行管理
能源审计	降低能源消耗，提高能源使用效率，为长庆油田增加经济、社会和资源环境效益，实现节能、降耗、增效的业务目标	能源审计报表管理、审计问题整改
节能监察	对执行节能法律、法规、规章和标准情况进行监督检查，对违法行为进行处理，进而提出依法用能、合理用能建议，引导被监察单位加强节能管理、提高能源利用效率	监察记录管理、监察问题整改

五、以合规监管优化消防管理

(一)建设内涵

长庆油田QHSE信息化系统整合平台业务管理主题覆盖下的消防管理是对消防工作、消防物品等能预防隐患的系列工作的管理。具体来看，消防管理业务主要包括对消防车辆的管理、消防人员的管理、消防器材的管理和消防战训、消防考勤的管理。该项工作主要由各级单位的防火部门进行操作，主要包括防火委员会、保卫部(消防支队)、保卫科、安全科、消防大队。

(二)功能实现

业务管理系统中消防管理功能共有五个具体功能模块，24 个具体功能项。该模块通过将信息技术在消防领域深度集成与应用，大幅降低消防安全风险，有效提升了消防救援与管理能力，为消防工作转型升级聚力赋能。

消防管理的各具体功能模块分别为组织建设模块、基础工作模块、消防监督模块、消防重点部位管理模块和队伍管理模块。其中，组织建设模块可实现油田公司整体消防业务架构进的管理和展示。在此基础上，该模块可以完成对消防责任书签订情况，例会制度的执行、落实情况，专项工作的开展完成情况进行管理和统计；基础工作模块协助用户实现消防工作信息维护和日常管理；消防监督模块可实现火灾风险辨识手册的更新、高危部位安全评估、防雷检测信息等级、督导检查情况公布等功能；消防重点部位管理可实现对本单位消防重点部位进行新增、删除，或信息更新，以及对消防重点部位消防设施检查情况进行查看、对消防重点部位的消防操作岗位人员的持证上岗情况、培训情况进行管理，对岗位持证数量、培训情况进行统计；队伍管理主要针对油田公司各级消防队伍的人员信息、装备信息、预案信息、战训管理、救援行动以及消防重点目标等几个方面实现信息化管理，为提高消防队伍的信息化管理手段提供技术支撑，并为下一步开展数字化演练、培训，信息化作战指挥调度打下基础。消防业务管理功能详情见表 6-7。

表 6-7 　　　　　 **QHSE 监管信息化系统整合平台消防管理功能明细**

监 管 内 容	平 台 功 能
组织建设	组织机构配置、消防责任书、例会管理、专项工作
基础工作	报表管理、工作总结、消防设施管理、消防宣传 火灾事故管理、案例库、战例库
消防监督	火灾防控、督导检查、隐患治理、建筑消防管理

续表

监 管 内 容	平 台 功 能
消防重点部位	部位信息管理、消防设施检查 建筑消防操作岗持证管理 建筑消防操作岗持证统计
队伍管理	基础信息、战训管理、装备管理、救援预案 灭火救援行动、消防重点部位管理

六、以信息填报把控职业卫生管理

（一）建设内涵

长庆油田 QHSE 信息化系统整合平台业务管理主题覆盖下的职业卫生管理是长庆油田对职工作业健康的监管，是公司预防、控制职业病危害，保障劳动者健康和相关权益的重要举措。该项业务管理的主管部门为安全生产管理科，通过对职业卫生业务进行监管，尽可能降低职业危害因素产生的影响。

长期以来，长庆油田的职业卫生工作坚持"预防为主，防治结合，分类管理，综合治理"的方针，实行"公司监督、部门负责、分级管理，定期考核"的管理体制，并通过对职业卫生环境进行监测、劳动用品进行管理、定期安排员工体检和严治危害场所危险源来为员工人身安全提供必要保障。

（二）功能实现

业务管理系统中职业卫生管理功能共有四个具体功能模块，各模块具体功能翔实，共同保障长庆油田员工劳动健康。职业卫生监测功能主要是对作业区环境的监测，平台为其设置了问题上报等功能，并且，通过点击链接，可实现与安全管理功能界面间的跳转，让系统使用者实现对作业环境的全面把控；劳动用品管理设置了信息填报、领发记录查询等功能，实现了对劳保用品的信息化管理；员工体检管理模块内含职业健康信息数据填报、个人健康监护等功能，通过平台数据智能解析，可实现劳动者全生命周期的管理，包括自动生成职业健康体检项目一览表、异常指标分析、体检趋势分析；危害场所治理功能包含职业卫生危险源管理、危害事件上报等功能，可实现对危害场所的重点关注，预防发生危害事件。

总的来讲，该功能可以实现职业病危害因素识别、职业病危害因素检测、职业健康体检、从业人员健康监护档案等职业健康专项管理的登记、查询、统计分析、支持定期工作的到期前提醒等，预期实现对职业病危害因素、职业健康状态等进行趋势分析。该项业务管理功能详见表6-8。

表6-8　　　　**QHSE 监管信息化系统整合平台职业卫生管理功能明细表**

监 管 内 容	监 管 目 标	平 台 功 能
职业卫生监测	及时了解职业病有害因素的产生、扩散和变化的规律，对劳动者职业健康的影响程度及对职业病防护设施的效果进行鉴定评价	信息填报、自动预警
劳动用品管理	保证劳动防护用品发放及时，使用合理，使员工在工作环境中得到有效的保护	劳动用品采购管理、劳动用品方法管理
员工体检管理	规范员工体检的管理制度，加强对疾病的预防和控制，保障油田公司广大员工的身心健康	职业卫生电子档案 体检结果查询 职业健康体检项目一览表
危害场所治理	辅助用户完作业场做职业危害突出问题整治	场所检测结果告知 岗位危害告知 危害场所整改

第七章 专项管理实现

本章围绕长庆油田 QHSE 监管信息化系统整合平台的"专项管理"相关的如承包商管理、非常规作业许可管理、隐患管理、事故事件管理、重大危险源管理、设备管理、危化品管理等十多项业务。越是推动经济发展，越要做强做优做大企业，就越需绷紧安全生产这根弦，摆正安全和发展的位置。换句话说，"安全生产"被认为是企业发展的底线保障和压舱石，当然也是企业的持续竞争力之所在。因此，本章引入"核心竞争力"理论，并根据核心竞争力的三种类型：参与市场竞争的相关能力、技能与技术的整合相关的竞争力、产品或服务功能相关的竞争力，结合长庆油田专项管理的内容整合成"832"体系，提出专项管理将可能影响到长庆油田发展的重要指标的理论依据，即形成并持有产业核心竞争力是长庆油田进行专项管理的内在逻辑与行动指南，进而指出在长庆油田 QHSE 监管信息化系统整合平台中进行专项管理模块搭建的必要性。本章通过梳理长庆油田现有资源与技术，总结专项管理业务目标，概括出长庆油田 QHSE 监管信息化系统整合平台专项管理模块需实现的功能。同时结合业务实际，对 QHSE 监管信息化系统整合平台专项管理模块涵盖的十余项功能展开具体阐述。

第一节 专项管理的底层逻辑与实践延展

一、核心竞争力的本质内涵

核心竞争力是指企业将内部的技能和技术进行有机的协调和整合，形成企业能够持续竞争的动力源泉，进而转化为企业独有的竞争优势。该理论认为，核心竞争力是企业发展的生产点，是企业竞争力随着环境变化而发展的结果，能够反映企业在长期艰难的成长历程中，逐渐培养起来的、迅速适应和利用变化的环境不断发展壮大自己的一种综合素质。在知识发展、技术革命所推动的新竞争条件下，企业必须抓住核心能力的培养和优化，将技能、资产和运作机制有机融合，从而获得长期稳定的竞争优势基础，适应经济大环境的需要。核心竞争力代表着多种单个技能的整合，正是这种协调和整合构成了核心竞争力的特性，使之有别于其他竞争力。总的来讲，核心竞争力可分为三种类型：

参与市场竞争的相关能力。如产品开发、产品销售和营销，产品技术发展和创新，这些技能将帮助企业更好地接近顾客。

技能与技术整合相关的竞争力。将产品的相关技术和技能进行有机整合，以有利于提高企业运作效率，提高产品质量周期和库存管理，使其高于竞争对手。

产品或服务功能相关的竞争力。要使顾客获得产品更高的使用价值，企业必须具备独特的服务或产品，而不是简单进行技能的升级和优化。

二、"832"体系的构建逻辑

QHSE 监管信息化系统整合平台专项管理模块是基于产业核心竞争力的理论建立起来的。从宏观视角来看，将专项管理融入 QHSE 监管信息化系统整合平台是响应"产业数字化"方略的重要实践，践行了利用互联网新技术新应用对传统产业进行全方位、全角度、全链条的改造，推动数字经济和实体经济深度融合；同时也是顺应能源产业发展的大势所趋，落实了国家关于加大油气勘探开发力度、保障国家能源安全的战略要求。从微观视角来看，长庆油田要实现到 2025 年油气产量突破 6800 万吨油当量，建成"主营业务突出、生产绿色智能、资源高度共享、管理架构扁平、质量效益提升"具有长庆特色的"油公司"模式的目标，就不得不大力推进数字化、可视化、自动化、智能化发展，以高水平数字化转型支撑油田公司高质量发展。

QHSE 监管信息化系统整合平台专项管理将可能影响到长庆油田发展的核心管理模块、重要指标、关注项目等整合为专项管理业务，进行实时监督管理、持续优化，发展产业竞争优势。这不仅解决了传统管理模式工作界面多、信息层层传达、效率低等问题，也改善了现代化管理质量，避免数据格式不统一、系统复杂繁多、信息孤岛散布等诸多问题出现。专项管理模块利用长庆油田区域数据湖,实现了各业务部门决策的一致性、系统性,促进了实现勘探开发一体化、地质工艺一体化、生产经营一体化的新蓝图。

结合长庆油田具体业务类型,本章以"核心竞争力"理论为逻辑起点,形成了以"832"为搭建原则的 QHSE 监管信息化系统整合平台专项管理模块(见图 7-1)。

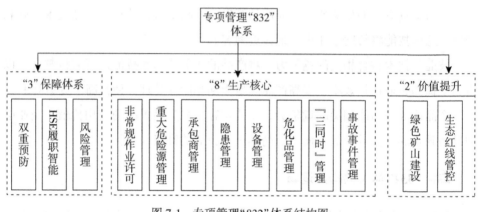

图 7-1　专项管理"832"体系结构图

(一)"8"生产核心——保证安全生产

安全生产是企业不容置疑的责任,《中共中央国务院关于推进安全生产领域改革发展的意见》规定,企业对本单位安全生产和职业健康工作负全面责任。油气行业传统的安全管理体系庞大、管理要素繁多、安全监管人员不足、监督手段单一、监管能力有限,因而无法实现上游业务作业领域、作业过程的安全监管全覆盖,且对生产作业重大风险感知灵敏度低,重要环节难以实现全面管控,监管薄弱环节与盲点多。

从企业自身生产运营、持续发展的视角出发,保证安全生产就是保证企业的核心竞争力。因此,长庆油田创新提出了 QHSE 监管信息化系统整合平台专项管理模块,结合油田生产的特殊性、危险性和重要性的特殊考量,紧扣"安全生产"的核心观念,将安全生产的几大要素——非常规作业许可管理、重大危险源管理、承包商管理、隐患管理、设备管理、危化品管理、建设项目"三同时"管理、事故事件管理共 8 个业务提炼总结在专项管理中，搭建多部门协作、体系化运行的安全监管平台。

（二）"3"保障体系——防控安全风险

准确把握安全生产的特点和规律，坚持风险预控、关口前移是保证核心竞争力的有效措施。全面推行安全风险分级管控，进一步强化隐患排查治理，推进事故预防工作科学化、信息化、标准化，实现把风险控制在隐患形成之前、把隐患消灭在事故之前的目标，是提高企业生产运营效率、降低不必要损失不可缺少的内容，也是在市场竞争中彰显企业竞争优势、区别于竞争对手的关键。

严峻的安全环保形势容不得有丝毫疏忽，基础不牢的管理现状容不得有丝毫麻痹。因此，建立长期稳固的保障制度和管理体系是长庆油田强化忧患意识和防范风险挑战的有效途径。QHSE 监管信息化系统整合平台专项管理模块将双重预防、HSE 履职智能、风险管理作为三大保障体系，不仅可以建立防控安全风险的保障制度，实时把握风险信息、及时发现审核问题，还能有效识别、防控风险，减少安全事故发生的可能性。

（三）"2"价值提升——承担社会责任

绿色发展是能源产业发展的趋势，自"双碳"目标提出后，即在 2030 年前二氧化碳排放达到峰值、2060 年前实现碳中和，顶层设计不断完善，"双碳"目标现已成为一项长期国家战略。由"双碳"目标引发的绿色改革浪潮为长庆油田带来了发展机遇与挑战。

为积极落实"生态优先、绿色发展"理念，长庆油田将绿色矿山建设及生态红线管控囊括于 QHSE 监管信息化系统整合平台的专项管理模块中。此举彰显了长庆油田在专注自身安全生产工作的同时不忘社会责任，注意保护环境、科学发展、可持续发展，实为长庆油田的加分项。

总而言之，QHSE 监管信息化系统整合平台通过数字化手段加强和改进安全管理，将专项管理业务重要指标整合，利用长庆油田现有资源与技术协调专项管理业务，及时有效监控与反馈，不断积累优化以及创新，满足作业区级（前端）、厂处级（中端）、公司级（后端）的三级安全监管，实现了流程在线化、数据可视化、分析智能化，大大提高企业管理效率，也提高企业风险防控能力，减少危险事故带来的损失，形成核心竞争力。

第二节 专项管理的现实基础与预期目标

一、专项管理模块的技术支持

（一）全过程数字化管理架构

长庆油田按照生产前端、中端和后端三个层次，搭建了"三终端、五系统、三辅助"的数字化管理架构（见图7-2）。按照生产数据的采集与传输、生产运行调度指挥和油气藏科学研究、经营管理把数字化建设分为前端、中端和后端三个层次；整体规划建设作业区生产管理 SCADA 系统、生产运行指挥和应急预警系统、油气藏研究决策支持系统（RDMS）、企业资源计划系统（ERP）和管理信息系统（MIS）五大系统；同步配套交互式高清系统、基础通信网络和信息安全管理三个辅助系统的建设。

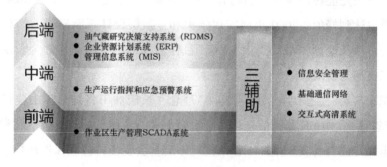

图 7-2 数字化管理架构

（二）一体化 QHSE 管理体系

长庆油田公司自建的危险作业系统数据标准化后进入数据湖供各级管理部门

使用并成为统建系统数据源，实现"单一来源、多处应用"。入湖后统一数据信息化集成标准，实现"录入数据、入湖数据、应用数据"的统一，规范数据流向，统一数据库建设，分类管好数据。针对长庆油田安全生产管理人员、业务人员、应用开发人员所需，所架构的一站式、标准化的数据建设、治理及应用平台，可以满足多源数据接入、数据集中化管理、综合数据治理的需求，提供数据从采集、存储、治理到分析全生命周期的管理和治理体系，同时为业务应用提供安全、高效、高质量的一站式数据服务。而这让各个业务部门间的应用数据可以继承和共享，并为大数据分析、认知计算等智能化应用提供全面的数据支撑，帮助油田充分挖掘数据资源价值，打造全面、良性的数据生态系统(见图7-3)。

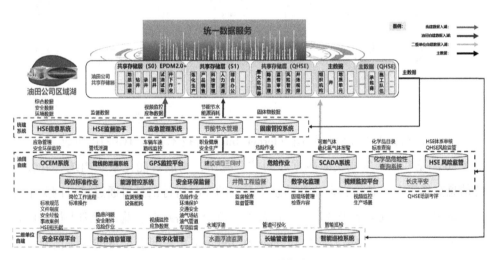

图7-3　长庆油田数据湖

总而言之，长庆油田目前已初步建成统一数据湖下不同管理层的管理体系，为生产管理人员搭建了生产运行管理、生产运行调度、应急抢险指挥等统一平台，为管理决策和科学研究提供了高效协同的工作环境。

(三)实时化油气生产数据链

长庆油田已建成南起西安、北至苏里格、西接银川、东达延安，覆盖油田陕、甘、宁、内蒙古四省(区)主要生产、生活区域的环型主干网络，已形成千兆到厂、百兆到作业区的网络链路(见图7-4)。

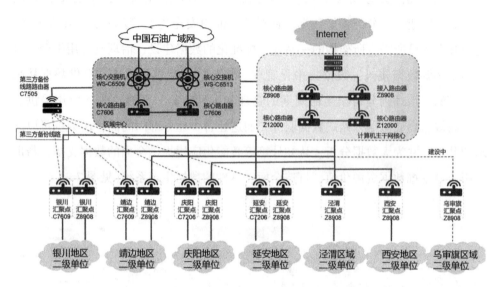

图7-4　基础网络链路

生产数据传输网络系统采用Internet/Intranet技术，以TCP/IP协议为基础，以Web浏览和系统集成实时数据库为核心应用，构成智能化系统内统一和便捷的信息交换平台，各个自动化和信息子系统的实时运行信息可通过接口网关上传到网络中心的系统集成服务器，开设智能化监控网络站点。监控管理人员能够在授权下方便地通过Web工具浏览Internet/Intranet互联网上丰富的实时信息，监控和管理各子系统的实时工况。还可以通过开放数据库互联(ODBC)技术，将系统集成SQL数据库与中端生产指挥系统的数据共享平台互联，提供综合全面的信息与数据。

（四）全面化隐患排查与风险预警技术

针对隐患排查与风险预警，长庆油田运用隐患高频词重点分析与预警技术，开发了PC端与手持终端，通过数据挖掘对隐患数据开展聚类分析，构建企业事故隐患类型和概率的高频词云图(见图7-5)，运用大数据自动梳理隐患产生与分布规律，对隐患发生趋势进行预测，能够指导生产现场提前排查、提前预防、及时整改，实现隐患数据便捷化智能化录取，改变传统的隐患清单式监管模式，有效提升隐患排查与风险预警信息化水平(见图7-6)。

展示层	PC端展示			移动端展示		
功能层	PC端功能			移动端功能		
	检查任务	基础配置	检查计划	检查任务	快速记录	现场拍照
	检查指导	分析考核	问题记录	问题管理	临时保存	问题查询
	台账管理	监督定位	统计分析	检查计划	检查表	检查指导
服务层	数据交互服务	图形展示服务		移动服务组件	权限控制服务	
数据层	法规文档库	监督人员库		监督标准库	监督问题库	
基础层	服务器	存储设备		网络设备	安全设备	

图 7-5 长庆油田隐患排查与风险预警系统架构图

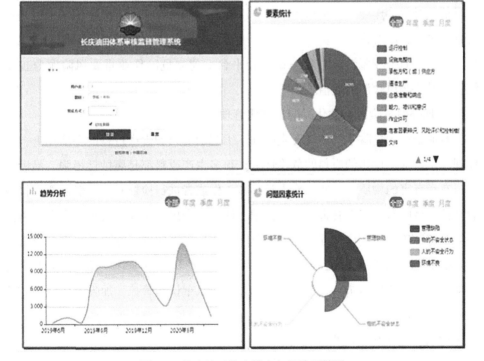

图 7-6 长庆油田隐患排查与风险预警图

二、专项管理模块的监管目标

(一)细化功能,面向安全生产目标

1. 加强对非常规作业的标准化许可管理

"以人为本、安全生产"是油田企业生产运营的根基,是重中之重。油气田生产介质原油、天然气均属于易燃易爆品,泄漏极易产生火灾危害事故,且生产过程中压力容器、锅炉等特种设备多达 1.5 万台,作业过程的安全可靠、作业场所风险的识别十分必要。

作业许可管理需要对在生产或施工作业区域内工作程序或操作规程未涵盖到的非常规作业进行管控,同时涵盖有专门程序规定的作业活动(如进入受限空间、挖掘、高处作业、吊装、管线打开、临时用电、动火及其他高风险的临时作业),事前开展作业危害辨识,提出作业申请,验证作业安全措施等功能。对危险作业要做到在 QHSE 监管信息化系统整合平台上建立跟踪系统,通过现场视频监控和实时信息对危险作业过程进行跟踪检查。此外,危险作业场所风险源辨识也是重要指标之一,设有作业人员进行危险作业场所风险源辨识培训平台,保证员工达标上岗。在 QHSE 监管信息化系统整合平台上建立危险作业重要风险源监控系统,实时监测风险源的数值波动。

2. 加强对危险源、危化品的日常化管理

石油企业的危险不仅体现在生产加工工艺的复杂和生产过程的多变性上,还体现在生产加工使用的原料的危险性上。很多生产原料都是腐蚀性极强、易燃易爆、有毒有害的物质。一些工作人员日常工作或者进行检修时,一般需要直接或者间接地接触这些有毒有害的介质,稍不注意就会出现爆炸、着火、有毒气体泄漏等事故,危险性和伤害程度的波及范围非常广,因此进行危险品管理是非常有必要的举措。因此,QHSE 监管信息化系统整合平台的专项管理模块需能够进行危险源监测、危化品录入、检查、自动评估和双重拉运管控,加强对危险源和危化品的日常化管理。

3. 加强对承包商的程序化管理

石油企业的安全管理工作极其重要,其在生产过程中会涉及多个生产单元,

涉及很多危险的产品原料，生产工艺极其复杂，并且需要大量的承包商参与生产。在进行化工生产作业时，如果没有完善的风险控制措施，就会对石油企业的正常生产经营造成影响，甚至造成重大安全事故。因此，长庆油田作为雇佣方在与承包商达成有效的合作关系的同时，需实时监控承包商生产经营过程中的安全管理工作的推进，加强对承包商危险作业办理、危险作业许可、危险作业资料监管、危险作业措施管理等的考核，这既是遵守《中国石油天然气集团承包商安全监督管理办法》（中油安〔2013〕483 号）、《中国石油天然气集团公司关于进一步加强承包商施工作业安全准入管理的意见》（中油办〔2017〕109 号）、《关于强化外部承包商关键岗位人员 QHSE 培训工作的通知》（安委〔2019〕4 号）等制度，也是促进安全生产，加强长庆油田的核心竞争力的有效途径。为有效监管，QHSE 监管信息化系统整合平台承包商管理业务需满足以下需求目标。

建立严格的承包商资质审查标准，实现对进入本单位的承包商进行安全资质审查。以严禁使用无资质、超资质等级或范围、套牌的承包商；严禁违法发包、转包、违法分包、挂靠等行为为目标，在 QHSE 监管信息化系统整合平台中增加能够记录承包商安全业绩，查看承包商清退率、承包商类型准入个数等功能，能够在施工作业前对参与施工作业人员的资格能力、设备设施安全性能、安全组织架构、教育培训和管理制度进行审查评估。在承包商施工作业过程中进行安全监管，在承包商施工作业后对承包商安全能力、日常安全工作、安全绩效的综合评估及综合分析，在 QHSE 监管信息化系统整合平台形成总体安全绩效评估结果。实现对承包商资质的管理。

此外，还需量化承包商的管理人员的现场安全管理能力。对识别生产作业中存在的危险因素、生产项目中存在的危险源以及生产经营过程中预先进行风险处理的方法和应对事故的措施的能力进行量化。实现承包商人员管理数据化。

4. 加强对隐患事故的全面化管理

加强长庆油田生产安全事故隐患和环境安全隐患管理，建立安全环保事故隐患排查治理长效机制，预防和减少事故，依据《中华人民共和国安全生产法》《中华人民共和国环境保护法》等有关法律法规，以及《中国石油天然气集团公司安全生产管理规定》（中油质安 2018〕340 号）、《中国石油天然气集团公司安全环保事故隐患管理办法》（中油安〔2015〕297 号）等规章制度，在 QHSE 监管信息化系统整合平台上设计隐患管理功能，实现隐患立项监管、排查整改、责任追究、销项等管理功能，为生产过程中的隐患排查、整改、追究等提供依据。

5. 加强对机器设备的可持续管理

质量不过关的或者待报废的设备浑水摸鱼流入厂内，会为后期的生产作业埋下安全隐患。故应加强对机械设备或者器具的管理，需实现进厂前对机械设备进行严格的审查。QHSE 监管信息化系统整合平台专项管理模块需包含建立设备管理台账，记录设备进行日常检修和保养情况等功能，保证设备都处于随时待命上岗作业的状态。

6. 实现对建设项目的三同时管理

长庆油田业务"三同时"管理为对建设项目基本信息、建设项目安全预评价、建设项目安全设施设计、建设项目工程进度、建设项目安全验收情况进行管理、审批，实现建设项目安全三同时全过程信息化管理。目前，协同办公平台中有安全三同时模块，能够实现建设项目基本情况、安全预评价、安全设施设计、项目进度管理、项目验收等流程管理。QHSE 监管信息化系统整合平台在现有的协同办公平台基础上进行升级、改造，增加新的业务需求，根据三同时安全管理目标，QHSE 监管信息化系统整合平台将业务流程分为安全项目信息、项目进度信息、安全预评价、安全设施设计、安全设施竣工验收以及统计分析六个部分（见图 7-7）。

在此基础上，QHSE 监管信息化系统整合平台的专项管理模块拟实现安全项目信息库的建立、细记录项目进度信息、及时填报建设项目安全预评价信息、自动更新安全设施设计数据、自动生成安全设施竣工验收数据、可复盘式统计分析六项功能。

7. 加强对事故事件的等级化管理

根据《企业职工伤亡事故分类标准》（GB/T6441—1986）规定，生产安全事故分为物体打击、车辆伤害、机械伤害、起重伤害、触电、淹溺、灼烫、火灾、高处坠落、坍塌、冒顶片帮、透水、放炮、火药爆炸、瓦斯爆炸、锅炉爆炸、容器爆炸、其他爆炸、中毒和窒息、其他伤害共 20 类。进行事故事件管理是鼓励员工及时报告生产经营活动中的安全事件，进一步预防和避免生产安全事故的有效措施。故 QHSE 监管信息化系统整合平台的专项管理模块需实现对风险事件的全面监管，包含对事故事件自动分级、及时上报、处理跟踪、事件销项等功能，实现对风险事件的处理留痕可视化监管。

图 7-7 安全"三同时"监管工作界面

(二)强化监督，完善风险防控体系

1. 实现全覆盖多层级双重预防体系

近年来发生的重特大事故暴露出安全生产领域"认不清、想不到"的问题突出，而构建"双重预防"机制就是针对解决这些突出问题，强调安全生产的关口前移，从隐患排查治理转变到安全风险管控。自新《安全生产法》生效后，风险分级管控、隐患排查治理双重预防工作机制成为长庆油田一项新的发展需求。构建"双重预防"机制能够强化企业的风险意识，通过分析事故发生的原因、经过，抓住这些关键环节采取预防措施，切断"事故链"，解决安全风险管控不到位、隐患未及时被发现治理等问题，也提供了一条通过自我约束、自我纠正、自我提高，切实做到预防事故发生的途径。

2. 加强员工 HSE 履职智能体系建设

目前，长庆油田各单位的安全生产管理正经历从数字化到智能化、从有人值守到无人值守的管理变革。只有员工 HSE 履职尽责到位才能保证生产现场安全，降低事故事件发生的可能性。但是 HSE 履职意识不强、信息化程度不高、制度落实缺乏载体、双重预防系统性差、现场工作重复低效等现实问题的存在，为 HSE 履职提出了重重挑战。因此，QHSE 监管信息化系统整合平台的专项管理模块需实现建立"两册"信息库，关联风险、隐患数据库，自主配置巡检、维护、派工、监督与检查等工作内容，生成岗位责任清单等业务需求，及时转变传统的 HSE 管理模式。

3. 建立一体化风险防控平台

考虑到油田生产企业的特殊性、危险指数高、事故后果严重等影响，在 QHSE 监管信息化系统整合平台上实现风险辨识登记功能、风险处理功能、是增强长庆油田 QHSE 监管水平必不可少的一步。以"五个安全"理念为基础，实现长庆油田全员、全方位、全过程参与安全环保工作，推动安全风险防控水平的提高。在 QHSE 监管信息化系统整合平台上建立风险指标台账，尤其是在易发生事故事件、环境污染的重点区域，及时更新各项指标的最新情况。此外，需要通过开展跟踪监测，实现对安全隐患排查、事故事件跟踪、环境要素监测，明确各级管理人员的职责，分层管理、分级管控。

(三)转变观念，大力推进绿色生产

1. 建立现代化绿色矿山建设平台

2015 年以来，建设绿色矿山是适度开发资源的大趋势，是国家加强生态文明建设的重要抓手，是国家建设美丽中国的重要渠道。建设绿色矿山、发展绿色

矿业是落实 2018 年宪法修正案、环境保护法、矿产资源法、公司法等有关环境保护、社会责任条款的客观需要。将绿色矿山管理纳入 QHSE 监管信息化系统整合平台是顺应行业发展潮流的重要举措。因此，绿色矿山建设平台拟定实现对矿山建设信息的管理、对矿山建设的跟踪检查、对矿山建设的成果展示三个目标。

实现对矿山建设信息的管理，在 QHSE 监管信息化系统整合平台上建立绿色矿山信息管理台账，要求各级单位及时在平台上传最新的绿色矿山申报信息。实现对矿山建设的跟踪检查，QHSE 监管信息化系统整合平台上应设置绿色矿山建设的标准、相关重要指标、申报方案、审查内容等信息，使各级管理人员明确标准。通过 QHSE 监管信息化系统整合平台上的现场监控视频及信息实时跟踪绿色矿山建设项目，采用线上线下相结合的方式检查是否符合申报标准，并将检查过程中发现的问题记录在档案中以便后期整改。实现对矿山建设的成果展示，绿色矿山建设项目验收结束后将在 QHSE 监管信息化系统整合平台上展示其建设成果。

2. 建立立体化生态红线管控平台

党的十八大、十九大以来，习近平总书记多次强调生态文明是关系中华民族永续发展的根本大计，生态环境部门正在制定空前严格的生态环境保护法律法规，执行最严厉的生态环境保护督查与问责，其中实行生态保护红线制度是最严厉的生态环境保护制度之一。如何破解油气勘探开发增储扩能、保产提效与环境保护，特别是与环境敏感区及生态保护红线和正在改革推进的自然保护区保护之间的矛盾，成为当前形势下制约油气田开发的瓶颈问题之一。

中国石油天然气集团有限公司把碳达峰、碳中和目标要求融入改革发展全局，严守生态红线、环境质量底线、资源利用上线，以更高标准开展蓝天、碧水、净土保卫战。长庆油田油气开发所在地涉及环境敏感区 215 个，辖区内环境敏感区风险点源较多，一是管道运输方面，管道集输必然涉及环境敏感区域；二是频繁修井作业带来的环境污染风险；三是油井本身及设备设施不安全状况造成的油气泄漏污染环境；四是油田生产过程中产生的环境污染。诸多风险致使油田生产过程中环境保护压力增大，一旦发生油气泄漏污染环境及人员伤亡等事故，将造成极大的社会影响和巨大的经济损失，安全管理和环境保护形势十分严峻。

面对严峻的生态环保形势，进行生态红线管控势不可挡，需要实现环境敏感区信息采集，建立辖区内生态红线台账。还需要更新生态红线保护制度，以保障辖区敏感区域的安全生产。及时消除辖区敏感区域内的油水井设备、设施的各类安全隐患，避免造成各类环境污染及水灾、火灾事故。完善敏感区隐患排查治理流程，对隐患进行控制和防范。组建应急救援小组，保障及时高效处置应急事件。

第三节 专项管理的功能整合与开发重构

一、专项管理模块的展示界面

QHSE 监管信息化系统整合平台的专项管理二级界面主要对重大危险源管理、双重预防、HSE 履职智能、设备管理、承包商管理、三同时管理等六个专项业务的部分重要信息进行展示。其中，双重预防显示风险分类、管控措施、隐患排查及整改情况，重大危险源管理显示危险等级划分、重大危险源报警以及处置情况，承包商管理显示承包商分省区分布数量及清退情况，"三同时"管理显示建设项目安全、环保等 7 类评价工作开展情况，设备管理分类显示设备数量及月度完好情况，HSE 履职智能显示巡回检查、维护作业、监督检查、四不两直地开展情况。其具体界面如图 7-8 所示。

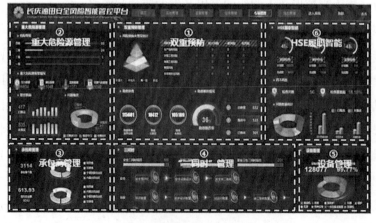

图 7-8 专项管理展示界面

以 HSE 履职智能为例，QHSE 监管信息化系统整合平台上包含了现场巡检情况、维护作业情况、监督检查情况、问题整改情况四方面的信息，并进行了数据分析，如图 7-9 所示。

图 7-9　生产场所 HSE 履职智能模块界面

根据不同生产场所员工 HSE 履职特点，本着满足生产场所业务和管理层监管需求、现场用户体验友好、系统数据互联共享的原则，首先编制完成《长庆油田生产场所员工 HSE 履职智能管理》实施方案和开发技术方案。其次，完成试点采油、采气、输油单位 120 余座不同类型生产场所的 48 张标准资料表格梳理，形成岗位员工 HSE 履职责任清单模板，编制了系统资料梳理指导手册。最后，根据生产场所员工 HSE 履职场景应用，建成该功能模块。该模块分为 PC 端管理程序和移动端 APP。PC 端管理程序共设计 9 个模块 48 项功能，移动端 APP 共设计 7 个模块 22 项功能。

二、专项管理功能的业务实现

(一)以闭环机制实现危险作业管理

非常规作业许可管理流程总体上分为作业申请、作业批准、作业实施和作业关闭四个环节，形成一个完整的 PDCA 闭环。其中，作业申请包括作业前的准备、作业风险的评估以及落实控制措施；作业批准包括进行书面审查和现场核查确认合格后，签批作业许可票证；作业实施包括安全技术交底、现场作业及作业结束等环节；作业关闭是指确认该项非常规作业已经完成，恢复现场后没有遗留风险，方可签批关闭作业许可票证(见图 7-10)。

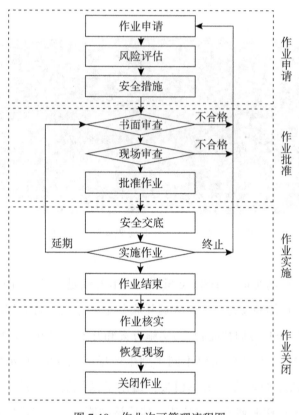

图 7-10　作业许可管理流程图

公司级管理部门通过操作系统可实现严格控制作业风险。用户根据本单位作业活动特点、风险性质，确定需要实行作业许可审批的范围、施工作业类型、审批权限。通过识别、分析与控制非常规作业及高风险作业过程中的危险，计划和协调本区域与邻近区域的作业，减少和防止事故风险的发生，在作业风险未控制在允许承受的范围内不许作业、安全措施不到位不许作业，养成按标准作业的良好行为习惯。厂处级管理人员根据作业初始风险的大小，提供、调配、协调风险控制资源。作业区级管理人员通过 QHSE 监管信息化系统整合平台的视频监控系统可实时观察作业现场情况。

（二）以规范资格审查实现"双危"管理

对危险源、危险品管理坚持"安全第一、预防为主、综合治理"的方针，强化落实主体责任。公司级管理部门应根据《安全生产法》、《危险化学品安全管理条例》以及《中国石油天然气集团有限公司危险化学品安全监督管理办法》（中油质安〔2018〕127 号）等制度在系统中建立、发布危险源监测、危险化学品管理制度，构建危险化学品风险分级管控和隐患排查治理双重预防机制。厂处级管理人员应依法取得相应资质证书，在 QHSE 监管信息化系统整合平台开展危险源、危险化学品识别、登记，建立危险化学品清单，定期开展危害辨识和风险评估，配备专（兼）职危险化学品管理人员，落实风险防控责任及措施，开展对相关人员危险化学品管理制度和操作规程的培训，检查落实到位。作业区级应当建立健全危险源、危险化学品巡护制度，设置明显标志，可能危及安全的危险化学品，应当派专人进行现场安全指导，对安全风险较大的区段和场所通过 QHSE 监管信息化系统整合平台进行重点监测、监控，涉及重点监管危险化工工艺和重点监管危险化学品的生产装置，在 QHSE 监管信息化系统整合平台上设置自动化控制系统、安全联锁或紧急停车系统和可燃及有毒气体泄漏检测报警系统。此外，对于需要废弃处置的危险化学品，应在 QHSE 监管信息化系统整合平台上登记建档，对废弃危险化学品贮存、运输、处置等环节全过程监管。

（三）以环绕式监督实现承包商全面管控

不管是对总承包商的施工准入资质审查还是对分包商或者转包商的施工准入资质审查，都应纳入 QHSE 监管信息化系统整合平台。QHSE 监管信息化系统整合平台实行统一管理、统一要求、统一标准，专项管理模块可自动筛选施工资质健全、实力雄厚、业绩良好、售后服务优良、安全管理严格的承包商进入长庆。从流程上把控引入承包商的标准化审查与培训，提升生产人员知晓生产过程中存在的危险性，知晓各个环节危险源存在和如何有效避免风险的发生。为实现前、中、后三级全面管控，具体业务实现过程如下所述。

公司级以整体把握为主，关注各二级单位制度落实及管控情况。相关部门要对承包商管理把好关，严格执行《中国石油天然气集团公司承包商安全管理禁令的通知》(中油安〔2015〕359 号)要求的五条禁令,落实《中国石油天然气集团有限公司关于强化外部承包商监管的通知》,督促二级单位建立"黑名单"和警示制度。厂处级以安全监管为主,承担上传下达的职责,监督、检查和指导下级单位做好承包商安全监督管理工作。制定本单位承包商安全监督管理制度,组织开展授权范围内承包商安全准入的评审和审批工作,及时清退不合格的承包商,实时更新承包商队伍清退率。作业区级以具体实施为主,保证建设项目所需安全生产投入、工期、施工环境、安全监管人员配备等资源。对在施工作业中存在严重违章、现场管理混乱、隐患治理不及时、安全绩效评估不合格等现象的施工队伍和人员纳入"黑名单"。建立不合格承包商淘汰机制,末位淘汰 3%,黄牌警告停工整顿 3%,强化前、中、后三级监管机制。

(四)以地毯式排查机制实现隐患管理

隐患管理工作遵循"环保优先、安全第一、综合治理"的原则,要求"直线责任、属地管理、全员参与",做到"全面排查、分级负责、有效监控"。公司级管理部门通过系统实现定期排查安全环保事故隐患,对排查出的事故隐患在 QHSE 监管信息化系统整合平台进行登记、评估,按照事故隐患等级建立事故隐患信息档案,并按照职责分工实施监控治理。厂处级管理人员通过系统可做到事故隐患排查工作与日常管理、专项检查、监督检查、QHSE 体系审核等工作相结合,对发现的安全环保事故隐患应当组织治理,对不能立即治理的事故隐患,应当制订和落实事故隐患监控措施,并通过 QHSE 监管信息化系统整合平台告知岗位人员和相关人员在紧急情况下采取的应急措施。作业区级管理人员在事故隐患治理项目完成后,能够在系统中按照有关规定组织验收,并将验收合格后的事故隐患治理项目及时在 QHSE 监管信息化系统整合平台上销项。

(五)以关键信息录入掌控生产设备状态

加强改进油田设备,尤其是精细设备管理的质量要求,有助于保证石油开采的安全与正常运营,提高石油的产量。公司级用户通过专项管理模块可实现对生产设备的全过程把控,系统能够自动分析设备进价异常、使用年限超期等情况,提醒公司进行设备维护。厂处级用户可利用 QHSE 监管信息化系统整合平台的专项管理功能实现设备台账登记等功能，通过录入设备使用人员的数量和管理人员数量等基础信息，实现对设备及其使用情况的管理。作业区级用户可通过专项管理模块实现设备故障录入、维修记录等功能，实现工作留痕，责任留痕。

（六）以三模块建设实现三同时管理

三同时管理分为安全、环保、职业卫生三模块。公司级管理以整体监控为主，展示各二级单位相关规定落实情况及合规情况。在公司相关主管部门发布三同时管理标准制定后，系统统一下发标准至厂处级。此外，三同时功能模块能够使公司及用户审批建设项目三同时，进行数据收集工作，对各单位评价考核汇总。自动进行问题收集及统计分析、风险防控。厂处级三同时管理模块以流程管理和数据管理为主，主要关注标准实践及反馈。包含方案审批备案、政府审核备案及三方审核管理等子功能，可实现对建设项目三同时管理存在问题在线跟踪防控、向上级管理单位输送数据资料等功能，保证资料数据完整性，及时积累经验及标准并及时反馈。作业区级三同时管理模块功能以合规落实为主，主要关注现场取证和数据采集。可实现对建设项目的三同时管理在线流程审批提报，并依据标准现场持表检查取证，用以审核。能够协助用户对审核结果中提到的整改问题进行线下跟踪、线上填报，以保证整改建议被采纳应用，同时还可进行现场验收及资料整理。

（七）以分级式任务落实推进事故事件管理

为规范生产安全事故管理，防止和减少生产安全事故，公司级管理部门可在系统中实现根据《中国石油天然气集团有限公司生产安全事故管理办法》（中油质安〔2018〕418号）、《中国石然气集团公司生产安全件管理办法》（安全〔2013〕387号）等制度制定本单位事故事件管理办法，统一标准并上传至 QHSE 监管信息化系统整合平台。厂处级用户在对所发生的安全事故和事件进行调查分析，及时制定防范措施，在基层单位进行通报并上传到 QHSE 监管信息化系统整合平台。公司及各单位每季度对上报的生产安全事故事件进行综合分析，发现规律并进行风险评估，形成预测分析报告，制定切实可行的整改措施，消除可能造成事故的危害因素，还可对预测分析报告中整改措施的落实情况进行监督和跟踪。

（八）以"双抓手"建立双重预防机制

"双重预防"机制以管风险、治隐患为抓手，把风险控制在隐患形成之前、把隐患消灭在事故前面，构筑防范生产安全事故的防火墙。公司级管理部门全面开展安全风险辨识，科学评定安全风险等级，并根据风险点自身以及周边环境的变化及时在 QHSE 监管信息化系统整合平台上进行动态调整风险等级。同时做到有效管控安全风险，针对企业排查出的风险点，按照相关法律法规和标准规范，从组织、制度、技术、应急等方面，逐一制定并落实具体风险防范措施，通过风险隔离、个体防护、设置监控等措施，确保安全风险始终处于受控范围内。厂处级要制定符合长庆油田实际的风险点查找方案，通过 QHSE 监管信息化系统整合平台层层分解责任、层层传导压力，把风险查找责任落实到每个车间、每个部门、每个环节、每个岗位、每个人。作业区级管理人员要在 QHSE 监管信息化系统整合平台上设置安全风险告知卡，标明主要安全风险、可能引发的事故隐患类别、事故后果、管控措施、应急措施及报告方式等内容，及时规避风险。

此外，通过 QHSE 监管信息化系统整合平台日常检查、季节性检查、综合性检查、专业性检查、不定期检查等方式，针对风险分级，实行不同的检查频次和检查人员。通过加强激励约束机制建设、绩效考核评估、信息化手段等方式，提高长庆油田全员自主排查隐患的积极性，提升双重预防管理水平。

（九）以流程管控实现 HSE 履职智能

公司级管理模块功能以总体策划和组织协调为主，依据《安全生产法》关于"全员安全生产责任制"和"双重预防"机制建设的要求，以岗位 HSE 责任落实为核心、以风险管控为重点，运用信息化技术，建立"两册"信息库，关联风险、隐患数据库。厂处级管理人员可根据生产场所员工 HSE 履职场景，自主配置巡检、维护、派工、监督与检查等工作内容，生成岗位责任清单，工作任务按需派发、危害因素动态提示、作业环节逐项确认、实施证据及时反馈、隐患问题闭环管理、工作结果量化考核，对 HSE 履职数据进行关联、汇总、分析，为管理决策提供支持，持续推动全员安全责任落实，提升现场风险管控能力。作业区级通过功能模块建设，可以实现：巡检、维护、派工、监督检查工作任务标准化；任务推送、风险提示、结果反馈、统计分析运行流程智能化；固定工作自动推送、临时工作实时派发执行显性化；问题闭环管理、工作量化考核结果信息化。基于此，可以达到"管理制度执行到位、员工职责履行到位、生产现场管理到位、风险隐患管控到位"效果，实现"减少人为履职影响因素、减少非必要信息流转环节、减少低效重复性工作、减轻基层岗位劳动强度"的目标。

（十）以文化渗透实现风险防控

风险防控作为我们专项管理工作的重要内容，不确定性因素众多，风险相对较大。在作业的过程中，由于一些突发的地层因素或工艺、操作不当的影响，可能出现卡钻、井漏、井涌、井喷甚至爆炸等事故。因而尽早识别、分析、评估作业风险，采取相应的预防措施，进行风险防控是非常必要和必需的。

公司级管理部门把握"五个安全"的新理念，积极开展 QHSE 企业文化建设，加大物态文化、观念文化、管理文化、行为文化建设，形成具有长庆特色的 QHSE 安全文化。根据公司的生产业务实践，在新业务、新项目、新区域作业前通过运用专项管理模块严格进行风险评价，熟知作业过程中的存在的新增风险。厂处级管理人员可在系统中实现对进入新项目作业的人员的风险告知培训，各级管理人员对项目存在的风险必须做到心中有数。作业区级管理人员通过 QHSE 监管信息化系统整合平台可以确保防控措施必须制定、执行到位、责任落实到位。在现场作业前，针对现场存在的风险，严格执行公司的作业许可，开展作业前分析，确保各项风险防范措施到位。

（十一）以技术创新推进绿色矿山管理

国家对环保监管的力度在加大，环保政策、法规、标准日趋严格，石油石化行业环境保护面临着严峻的形势，需要进一步加大环境保护科技投入。为实现绿色矿山环境，QHSE 监管信息化系统整合平台分别包含绿色矿山建设标准、指标、方案、进展跟踪、检查与整改、验收、成果展示等内容。

公司级用户在系统中可实现制定绿色矿山信息管理标准，规定绿色矿山自评报告编制方案，并将标准和方案通过下发至二级单位。系统还包含定期审核二级单位绿色矿山创建的工作完成量等功能，协助公司级用户对下级单位进行指导与监督。各分厂环境管理部门可通过系统创建绿色矿山相关信息(如单位、矿权数量)和矿权信息(包括矿权名称、省市、矿权面积、是否涉及敏感区、敏感区名称及重叠面积),完成股份公司绿色矿山创建信息包括自评报告编制工作以及国家绿色矿山创建基本信息包括自评报告编制工作。与此同时,用户可利用 QHSE 监管信息化系统整合平台上的视频监管系统对绿色矿山建设进行追踪、检查、验收、展示。

(十二)以红线思维夯实敏感区管理

作为石油企业,应满足国家日益严格的政策法规标准和污染减排约束性指标要求,有效控制环境风险和减轻事故后果。为此,应当重点发展环境风险防范和提高应急处置能力,积极开展生态红线管控业务。

公司级用户运用专项管理可实现对环境敏感区的全面排查,健全辖区生态红线隐患台账,完善制度及应急保障体系。通过制定、发布《长庆油田敏感区域作业指导书》,健全生态红线隐患治理机制。厂处级以"创建绿色油气田"为目标,通过 QHSE 监管信息化系统整合平台实现监督检查"日常化"。通过审核班组汇报的各类隐患,按照责任划分由各组拿出整改措施及时整改,监督组负责落实整改结果,对于暂时无法整改的隐患,制定出防范措施并告知现场岗位员工,对隐患进行控制和防范。作业区级通过 QHSE 监管信息化系统整合平台实现属地管理,实行"监督不到位不开工、交底不到位不开工",人人都是监督员,控制和规避由于生产作业造成的环境污染事件。

"十四五"以来,以"梦想云平台"推广应用为主要标志的上游业务数字化转型智能化发展取得了重大进展。利用信息化管理手段全面重塑企业生产经营管理模式,实现"数据赋能、管理赋能",进一步"盘活企业管理存量资源、激发企业管理增量资源"促进企业发展方式和管理模式变革创新,成为企业从工业经济时代迈向数字经济时代的必然选择。长庆油田 QHSE 监管信息化系统整合平台专项管理模块也正是在这种发展潮流下应运而生的机制,以期促进长庆油田核心竞争力的发展。

第八章　综合管理实现

本章基于 SCS 框架，主要围绕长庆油田 QHSE 综合管理业务方面相应的资料制度库业务、业绩考核管理业务、QHSE 人员管理业务、体系审核业务和培训管理业务五大业务内容进行描述、总结和分析。结合长庆油田 QHSE 业务相关部门及单位信息化整合开发管理的需求，本章涉及的业务范围主要包含长庆油田的资料管理、制度安排、考核审核、人员健康管理及人员培训等，开发的原生系统主要包括资料制度库系统、QHSE 人员资格能力管理系统、考核审核及人员培训系统，对接的系统主要包括集团公司人力资源管理系统、中油 E 学、板块审核员管理系统、油田公司培训中心培训系统等。本章将 QHSE 综合管理业务的 5 项监管业务、27 项监管内容涉及的所有监管内容进行分层级、分类型、分功能梳理，实现整个油田的全面监管、全面审核、智能化统一运管，以保障 QHSE 综合管理的实现。

依托 QHSE 监管信息化系统整合平台，长庆油田的综合管理以油田公司层级、厂处单位层级和作业区层级的管理业务展示为主。其中，主要展示指标有人员资质情况、业绩考核、体系审核、管理追溯、量化考核、审核问题专业分布、审核问题归属层级等。长庆油田通过构建 QHSE 多业务流合一的一体化管理体系，形成统一数据标准、统一管理界面、统一权限管理、统一运维与 AI 智能分析决策的管理机制，强化业务和数据调度管控的不同层级有效管理。

第一节　综合管理的内在逻辑溯源

一、SCS 框架的内涵要义

随着信息技术的不断发展，长庆油田的业务管理也向着数字化、综合化的方向发展，进而高效推动了长庆油田信息化的进程。综合管理作为 QHSE 监管信息化系统的重要组成部分，在整合平台中发挥着举足轻重的作用，体现着 QHSE 信息化的实际应用。本章主要运用综合化管理理论框架（SCS）的思想，即以系统综合化（System integration）为前提、以共轭生态理论（Conjugate ecological theory）为基础、以系统工程（Systems engineering）为支撑，对 QHSE 监管信息化系统整合平台中的综合管理业务进行研究，梳理其逻辑框架。

（一）系统综合化（S）赋能综合管理业务根基建设

QHSE 监管信息化系统整合平台为实现综合管理以系统综合化理论为出发点，运用各种技术科技成就，各职能部门和各涉及业务子系统进行有机配合，实现业务互通，达成集成综合管理，以达到 QHSE 系统整体效益优化和有效完成对各类情况的处理和控制的目的。

（二）共轭生态论（C）保障综合管理业务生态平衡

共轭是指矛盾双方相反相成、协同共生。共轭的概念来自于生态学，指社会服务与生态服务的平衡，经济生产与自然生产的平衡，时间关联与空间关联的协调。共轭生态理论强调动态的、辩证的共生关系和螺旋式上升的进化过程，是按生态学的整体、协同、循环、自生原理去系统规范，从时间、空间、数量、结构、序理五方面去调控人类对其赖以生存的生态支持系统的各种开发、利用、保护和修复活动，使复合生态系统的结构、格局、过程和功能得以高效、和谐、持续运行。在综合管理业务中运用 SCS 框架，是以共轭生态调控达成动态平衡为主要目的，以协调员工与系统、资源与环境、外拓与内生之间的共轭关系。

（三）系统工程论（S）支撑综合管理业务平稳运行

SCS 理论框架将系统工程理论作为综合管理业务的底层支撑，使公司层面的各级主体可以共同参与信息循环。系统工程理论多应用于组织管理。首先是把要研究的对象或工程管理问题看作一个由很多相互联系相互制约的组成部分构成的总体，然后运用运筹学的理论和方法以及电子计算机技术，对构成系统的各组成部分进行分析、预测、评价，最后进行综合，从而使该系统达到最优。其根本目的是通过人和计算机的配合，充分发挥人的理解、分析、推理、评价、创造等能力的优势，同时利用计算机高速计算和跟踪能力，保证用最少的人力、物力和财力在最短的时间内达到系统的目标。系统工程理论以最优管理为目的，对公司的各层级及关键要素进行跟踪计算和综合分析，是综合管理业务的运作基石。

综上所述，QHSE 监管信息化平台是一项综合的系统工程，其中综合管理业务是这项系统工程最鲜明的构建体现。长庆油田运用 SCS 理论框架，以系统综合化为前提、以共轭生态理论为基础、以系统工程为技术支撑，赋予了各业务新的内涵与实现逻辑。综合管理通过各部门、各系统的配合，员工与系统、资源与环境之间的协调，新技术、新手段的运用，开发了较多的原生系统，达到最优管理。因此，遵循 SCS 理论框架开展各项综合管理业务是实现长庆油田安全信息化管理的应有之义，也是解决各项管理业务现实困境的必由之路。

二、综合管理的实践面向

根据综合管理的业务要求，依据 SCS 理论框架，长庆油田针对综合管理提出相对应的五大业务，分别为资料制度库业务、业绩考核管理业务、QHSE 人员管理业务、体系审核业务和培训管理业务。五项业务在综合管理应用中紧密结合时空和结构序理，以共轭生态理论为基底形成围绕 QHSE 发展周期的四大关键要素，贯穿综合管理全过程(见图 8-1)。根据 SCS 框架，综合管理业务分为以下四个关键要素：

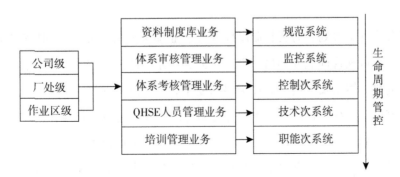

图 8-1　SCS 理论框架支持 QHSE 综合管理

（一）时间——全生命周期

综合管理对 QHSE 的整体生命周期进行管控，便于掌握每个阶段资料、体系和人员的全部动向。公司不断发展进步，随着制度的更新换代、体系的发展完善及人员的优化集聚，这些都对综合管理业务有着及时、智能等更高的需求。依据 SCS 理论框架中生态学的整体及循环原理，从长庆油田开始建设综合管理业务到整合开发现有系统资源再到各层级的应用反馈，生命周期全把控能够帮助公司根据当前综合管理业务的发展是否处于成长、成熟、衰退或其他状态来制定适当的管理策略，以满足 QHSE 监管的需求。

（二）空间——3 级应用层面

长庆油田在充分考虑各种内部和外部因素的基础上，本着风险受控原则，明确 QHSE 管理的边界，实行三级管理制度即为公司级、厂处级和作业区级。三层级管理有利于公司进行整体领导和指挥，有利于厂处进行跟踪监督和及时反馈。实行"从上到下"的推行决策结合"从下到上"的调整管理方案的管理方式，有利于综合管理的目标统一。分层管理充分发挥 SCS 框架中系统工程理论的优势，便于管理人员进行考评汇总和审核分析等相关工作，压实各层级责任，做到责任真正落实到人。

（三）数量——5 项实施业务

综合管理主要划分为资料制度库业务、业绩考核管理业务、QHSE 人员管理业务、体系审核管理业务和培训管理业务五项业务进行实施，旨在综合管理长庆油田的资料、体系及人员。通过资料制度库业务对公司资料、法律法规及规章制度进行梳理；业绩考核及体系审核业务对 QHSE 体系进行考评及跟踪整改；人员管理及培训业务完善 QHSE 人员的继续教育和培训跟踪录入，五项业务分别从三个方面囊括综合管理的全要素。公司通过整合开发现有资源，实现综合管理五业务可视化界面管理操作，实现统一、集中调度管控，让管理者、决策者"看得到、管得住"。

（四）架构——5个系统归类

依据系统综合化理论，将计算机处理归类和管理员类比分析相结合，在保证开放性和实用性原则的基础上，综合管理业务采用先进的存储技术、管理技术和网络应用技术，将QHSE综合管理的五项实施业务具体归类为：1个规范系统——资料制度库业务；1个监控系统——体系审核管理业务；相互关联的3个次系统：控制次系统——业绩考核管理业务、技术次系统——QHSE人员管理业务、职能次系统——培训管理业务。

其中规范系统是将公司管理所需制度、文件、章程等汇总后建立资料制度库，方便员工登录查询相关条例，实现资料共享，旨在推进各层级合规统一。监控系统按照公司管理要求的问题发现、整改和跟踪验证三步骤建立，对各层级行为进行监管及审核，有助于提高综合管理的有效性。三个互相关联的次系统相辅相成，对QHSE的人员进行管理。控制此系统对人员业绩管理进行考核评分，旨在评价和鼓励员工。技术次系统对人员培养管理进行信息录入，旨在管理长庆油田人才队伍。职能次系统对接现有的相关考试系统，旨在对员工进行培训和后续教育。

第二节 需求导向——综合管理的核心思路开发

一、综合管理业务的演进现状

（一）多系统原生开发

综合管理涉及的五项业务管理均由长庆油田自主研发系统，利用大数据、云计算及人工智能等新一代信息技术和原有相关业务系统进行对接，以统一管理、提高效率为前提保障综合管理的实施，实现统计分析综合判断为一体的全过程综合化管理。综合管理主要对涉及QHSE动态、体系审核、业绩考核及人员管理、培训管理和制度管理的业务设置模块，实时共享，便于各层级对政策、制度及时进行学习，同时了解与其他单位的差距。综合管理业务开发系统较多，对技术支持及运行维护提出了较高要求，在系统设计时既要采用先进、集成、安全、可靠的技术，又考虑到功能需求的变化和应用技术的不断创新，使得系统性能具备开放性、标准化、可扩展性，以确保其始终具备技术先进、实用可靠、经济合理的智慧综合管理能力。通过需求调研分析，综合管理不断完善其五项业务的相关展示模块，维护系统运行的生态环境，全管理过程对应模块平稳运行，合理保证了资源整合、及时更新及数据维护(见图8-2)。

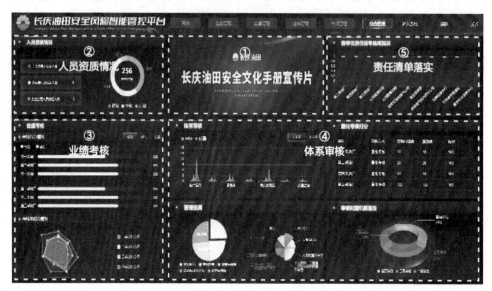

图 8-2　系统展示界面

(二)多维度决策分析

随着 QHSE 信息化进程的不断推进，物联网、大数据、人工智能、5G 等系统技术的逐渐成熟，结合国家对智慧油田建设的总体要求，QHSE 综合管理业务利用新一代信息技术，实现让技术助力发展，让数据辅助管理，使综合管理更精准、更高效、更便捷。综合管理业务帮助相关部门对资料、体系、人员的管理提供决策分析，让员工等系统使用者真正感受到技术带来的便捷。平台实时管控，滚动显示安全文化、政策形势等内容，安全管理人员持证、取证以及初、中、高级审核员分布情况，各生产单位年度、季度业绩考核及扣分情况及上下半年QHSE 体系审核分要素问题分布情况，分单位整改情况、管理回溯及问题归属情况。综合管理业务通过多维度、不间断的对各项业务进行系统录入及监管展示，形成信息传输报送机制和不同类型 QHSE 综合管理信息的相关统计分析机制，帮助公司进行分析决策。

（三）多数据筛选整合

考虑到各业务新开发系统的集成性、开放性、扩展性、兼容性、先进性等问题，综合管理业务以顶层设计统领全局，不仅实现了与现存系统的对接、互相联动和共享数据，也实现了与二级单位自建系统进行实时联动、信息共享。经调研目前存在多个系统数据重复填报的问题，例如现存培训管理系统就有中油 E 学、油田公司培训中心培训系统及集团公司人力资源管理系统，三个系统都需对人员培训情况进行填报，这一方面导致纸质资料数据比较多，另一方面基层人员填报的工作负担重。因此各个新业务系统的开发整合要做到统筹兼顾，统一系统的业务信息化管理方式及数据标准，实现全部数据接入集团"数据湖"。通过对数据及时进行筛选归类、分析整合并定期维护，实现"一次填报、多模块共享"的统计、分析、上报需求，综合管理业务真正做到了数据、信息全面整合，资料、人员、体系集中管理。

二、综合管理业务的目标指引

当前，QHSE 综合管理主要是对资料、人员、考核审核进行业务开展，目的在于实现信息资源共享、统一协作、快速响应和智能联动，建立统一管理策略，实现精细化管理。综合管理在业务方面具体体现为资料制度库业务、业绩考核管理业务、QHSE 人员管理业务、体系审核业务和培训管理业务。

（一）合法合规，更新完善资料制度库建设

依托原有的制度管理系统，长庆油田开发了资料制度库业务，及时录入相关资料信息进行更新维护。结合 QHSE 监管信息化系统整合平台的开发建设，长庆油田对 QHSE 管理体系相关的资料制度进行了全面系统的完善。通过换版公司QHSE 管理体系文件（2021 年）及发布《长庆油田安全文化手册》（2022 年）优化了资料制度库的管理。通过完善现场"两册"，对各生产单位现场管理手册和操作手册进行梳理，完善并健全了安全责任清单。通过及时更新相关法律法规政策及规章制度并进行共享，方便了员工按照权限及内容索引进行登录查阅，也方便了管理员进行统计与类比分析，强化了 QHSE 作业文件监督执行。资料制度库融合了职业健康安全、环境、质量、能源、测量、安全生产标准化等体系标准，从目标、准则、禁令、行为、实践五个维度，融合长庆精神和"五个安全"方法论，重点围绕"三管三必须"要求、双重预防机制和集团公司量化审核标准等内容，完成 27 个业务部门、386 项业务管理制度的梳理、分析和评估，提升了制度文件的适用性。

（二）智能分析，助力发展业绩考核业务

考核业务贯穿长庆油田人员发展的整个过程，是当前长庆油田实现全面发展必须重点关注的内容。考核管理业务的实施能在激烈的市场竞争中赢得生存动力，同时能形成公司内部的前进动力，促进公司内部发展。长庆油田实行的业绩考核制度分为过程考核、体系审核、控制指标三部分。通过迁移升级现有办公平台，完善并录入三部分考核标准，增加展示界面和统计分析菜单，对各层级普遍关注的考核指标、要素、参数，集成在不同层级的管理与应用界面，平台实现了各级管理层的考核信息共享。按照指标的重要性，分类把指标在相应级别的功能模块进行信息展示，方便了数据统计分析。同时平台增设综合考评模块和指标打分模块，实现考核数据自动计算和数据导出。

（三）标准建档，实现 QHSE 人员管理进步

长庆油田根据目前公司手工管理人员资格能力信息，需搭建 QHSE 人员资格能力管理系统，并根据"定好标、把好关、用好人"的目标不断建设与完善。人员资格能力管理包括的人员类型较多，每类人员的管理要求不完全一致，需要根据国家法律法规、集团公司规章制度、油田公司管理办法及要求进行综合分析。管理系统需对长庆油田所有员工进行标准化的履职能力评估和数据整合录入，以保障员工能力水平。公司需分类将各单位人员录入系统，可以按照处级、科级、一般管理人员对审核员、注安师进行分类统计，实现电子化、统一化集中管理，以达到可根据每类人员的培训、取证情况，进行下次复证、下次培训的到期提醒

等标准化人员统筹管理。同时对接集团公司人力资源管理系统、审核员管理系统、资料文件库系统、油田公司培训中心培训系统等，整合人员履职方面所有有效信息，做到数出一源，避免信息重复录入及维护，达到标准化要求。

（四）持续改进，跟踪落实体系审核业务

QHSE 体系审核管理是考察 QHSE 管理体系实施效果和运行质量的手段，也是改善组织质量、健康、安全与环境管理工作的重要方法和有效工具。体系审核管理可以检查企业各项业务是否有效的贯彻实施相关文件及政策落实情况，以便找出文件本身或下发实施中的问题，完善综合管理，为 QHSE 规范管理打下良好基础。长庆油田全面推行 QHSE 量化审核，强化正向激励，突出风险管控、过程管理和工作效果，通过量化审核定级综合反映企业 QHSE 管理体系运行绩效和水平。通过内部审核、外部审核及审核问题与整改建立多层级、全覆盖、分专业、多方式的审核工作机制。审核管理业务将公司制定的审核标准、企业审核方案、企业审核计划等资料，按期限录入审核系统方便调取。通过完善审核打分制度，增加体系审核打分模块，便于获取各单位内审得分。同时在审核配置流程中需要具体到审核人员，方便后续追踪整改及责任落实。

（五）科学针对，指导精进培训管理业务

为提高员工 QHSE 意识和风险防控能力，切实增强培训针对性，依据 2018 年印发的《长庆油田分公司 HSE 培训管理办法》进行培训管理。根据相关需求分析，培训管理业务需按照"管业务必须管培训""缺什么、补什么"的原则施行直线责任管理。由各级的负责人担任培训的第一责任人，负责协调培训资源、指导开展培训、督促落实培训计划和保障培训顺利完成。同时整合对接中油 E 学和培训中心考试系统，实现业务、技能、知识提升等方面的培训组织、报名和考试和人员持证、法定培训等方面的培训和考试的合二为一。培训管理业务旨在管理所有人员的培训和考试结果，需要基层单位录入自行组织培训的培训记录、培训内容、培训学时、培训类型等信息，实现培训考试的一人一档。同时对人员参加培训的业务类别、培训时长等进行分类统计，用于员工培训的存档、考核工作，达到人员针对管理的目的。完善后的 QHSE 动态化培训管理系统能切实提高员工培训工作的科学性和效率，对各单位的培训计划进行管理和跟踪。

第三节　业务实现——综合管理的突破转型成效

一、综合管理平台功能展示

综合管理平台通过对资料制度库、QHSE 人员管理、业绩考核、体系审核、培训管理 5 项 QHSE 体系业务进行管理，实现 QHSE 定期静态信息的监管与综合分析。QHSE 监管信息化系统整合平台的综合管理二级界面共包含人员资质情况、业绩考核、体系审核、管理追溯、量化考核、审核问题专业分布、审核问题归属层级 7 个关键指标。人员资质情况按照证书分级为初级、中级和高级管理人员。此外，还包括业绩考核、体系审核、审核问题归属层级、问题专业分布以及管理追溯等（见图 8-3）。

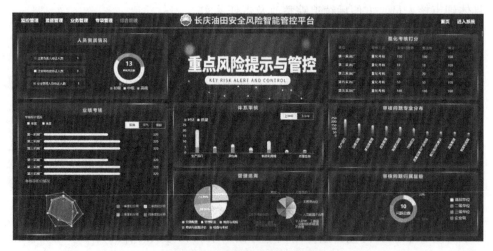

图 8-3　QHSE 综合管理二级界面

三级界面以业绩考核模块为例，业务部门按季度对厂处单位业绩进行量化考核。列表展示了各单位季度、年度考核得分情况和雷达图分季度展示考核扣分项分布。同时展示 12 个考核部门的量化考核情况，以及加分项数、总得分、总扣分、得分率等内容(见图 8-4)。

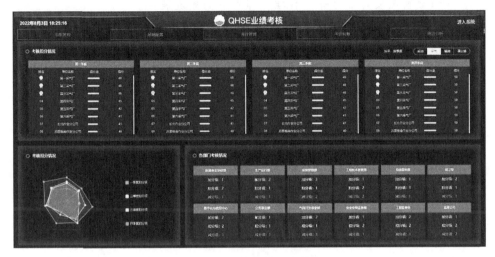

图 8-4　QHSE 综合管理三级界面

四级界面即岗位操作模块如下，业务部门主管人员按照工作程序，对 QHSE 绩效、履职业绩、考评台账、考评管理等信息进行维护管理，将考核结果用于 QHSE 体系的辅助管理。主要涵盖规章制度、培训考试、体系审核、业绩考核业务板块，囊括综合管理全要素等功能(见图 8-5)。

图 8-5　QHSE 综合管理四级界面

二、综合管理运行逻辑解构

(一)资料制度库业务——合理保障业务高效进展

1. 逻辑起点

资料制度库业务源于标准化管理,该业务切实体现了长庆油田的 QHSE 文化。油田公司拟从法律法规、制度文件、查询统计、内容索引、制度共享及类比分析六个方面入手,结合各个级别的实际情况对整个集团实施完善的制度管理,使得 QHSE 监管信息化系统整合平台踏上新台阶。

资料制度库业务承载公司层面大局观念。公司构建 QHSE 整体制度框架,通过搭建制度查询综合系统形成完整的制度体系。快捷、及时更新的制度查询系统可以方便员工和管理人员对相应的制度文件进行查阅与分析。公司重视国家、省市等上级层面下发的有关油田的法律法规并及时上传系统,组织学习会并要求重要领导、重要干部学习文件精神。培训管理员对相关制度文件进行统计分析,以达到类比总结的目的。通过分析大环境下长庆油田与其他油田的对比结果、长庆油田自身的对比结果,公司及时总结经验,实施创新改革。同时对厂处、作业区上报的相关制度细节进行调整,对制度改革情况进行及时响应,持续关注后续整改事项,达到完善制度管理的目的。

资料制度库夯实厂处、作业区业务根基。厂处级注重制度工作的归纳学习和细分下配,组织员工学习公司层面下发的学习任务,再细分到作业区级。以厂处为单位组织员工进行制度平台的查询检索学习、组织员工参加系统管理员的定期培训,确保每位员工都会登录 QHSE 制度系统运用检索进行查询相应文件,确保员工会利用工号通过个人信息登录平台进行查阅。同时厂处注重持续改进及类比分析,注重任务落实与结果上报,配合资料制度库业务改革。

2. 要素解构

信息化时代海量数据的实时更新,使数据库的构建显得尤为重要。因此,资料制度库业务实现的关键是数据库的构建与数据资料的整合。数据库通过三级分层,将作业区、厂处、公司三级别个体有机统一,打破"数据壁垒",提高作业效率。数据资料整合旨在解决数据的规范性、解决文件残缺不齐、会计凭证不标准不规范、以及数据信息访问延时等一系列问题。QHSE 资料库业务通过建立索引、共享及分析一体的搜索体系，方便员工及管理人员进行查询，以便进行高效管理。QHSE 资料制度库的建设有利于实现科学管理，提高劳动生产率和经济效益，确保生产经营活动的顺利进行，保障长庆油田持续发展。

3. 作用机制

资料制度库业务通过构建方便、快捷、标准、共享的数据库，方便各级工作人员随时调取工作文件，进一步解决了文件查找与调取工作低效的问题。数据库的标准化、规范化运作，提高了各级工作人员的工作效率。资料制度库建设坚持以汇总分析为导向，结合 QHSE 管理体系运行特点和要求，按照"两级体系、分级管理、协调统一、整体推进"的原则，将各层级生产经营活动环节 QHSE 风险管控措施要求，融入业务管控流程和规则规定中，自上而下形成一套依法合规、业务主导、上下配套、衔接紧密、系统完备、持续完善的简约化 QHSE 制度管理体系。

(二)业绩考核管理业务——调动员工工作积极性

1. 逻辑起点

业绩考核管理业务主要分公司级、厂处级以及作业区级三个层级。公司级别主要负责最终考核及持续跟踪，构建统计分析排序系统，分析各个单位的表现。在人员考核方面公司层面负责制定人员培训标准，搜集相关从业标准，并定好相关制度办法。在季度、年度考核方面公司层面主要负责季度、年度的各个单位数据汇总及整合，设立季度、年度考核标准，同时构建打分系统方便排序和对比分析各单位表现。在 QHSE 审核成果管理方面公司层面主要负责协调获取各单位内审得分并整理到评分系统中、及时处理上报问题、持续跟踪、改进 QHSE 阶段性成果。

厂处级主要是对作业区级考核结果进行汇总并上报，密切监督员工提升履职能力。厂处级负责所有考核结果的整合，对数据的准确性、及时性、完整性有较高的要求。同时负责反应 QHSE 建设成果的最新动向，在 QHSE 审核成果中发挥着举足轻重的作用。在季度、年度考核方面厂处层级主要负责收集汇总每一季度各个单位的数据，及时按规制上报到公司级，并在每年年末汇总一年来自各个作业区的数据进行整理上报。在 QHSE 审核成果管理方面厂处主要负责及时上报相关考核问题跟进，根据各个单位的问题分析原因，制定整改及预防措施，配合内审人员进行持续改进的打分工作。

作业区注重考核任务的实施及根据考核结果进行改革。考核关乎作业区级中的每一位员工，员工都应积极投入工作中，按照规范的考核标准进行工作，努力提升单位的总体排名。在季度、年度考核方面主要负责落实每个考核指标，严格按照考核事项进行填写上报并根据季度对比进行整改。在 QHSE 审核成果管理方面各作业区主要负责悉知反馈报告中整改部分，并积极配合后续整改再打分工作。

2. 要素解构

业绩考核管理业务的关键就是确定各厂处、作业区的打分机制和奖惩机制。QHSE 目前的业绩考核包括季度考核与年度考核，由 15 个管理部门对 61 家二级单位进行季度考核，年终进行汇总，目前有着较为成熟完整的考核流程。15 个管理部门分别为质量安全环保部、生产运行部、设备管理部、工程技术管理部、基建工程部、党委宣传部、保卫部、数字化与信息中心、公用事业部、油开部、气开部、工程监督处、安全环保监督部、技术监测中心、监理公司，61 家单位分为甲、乙、丙三类单位。业绩考核业务现行考评监管内容如表 8-1 所示：

表 8-1　　　　　　　　　　业绩考核业务现行监管内容

监管内容	考核业务综合管理
配置	单位类型配置、季度考核项配置、贡献系数配置、各单位基础信息、风险系数基础项配置
标准	激励约束项、专业部门年度考核标准、指标控制项
考核	季度考核、年度专业部门考核、控制指标考核、体系审核考核
台账	季度考核台账、专业部门考核台账、指标控制考核台账
查询	季度考核查询、各专业委员考核查询、
汇总分析	考核汇总表、季度考核排名统计、考核项统计、考核单位考核统计、趋势统计

根据需求调研，目前考核业务需体现甲类单位每季度前三名和后三名二级单位的详细考核数据加分、扣分情况的分析，按照考核项扣分多少，排序系统自动生成柱状图展示。同时数据体量达到标准可按照季度、年度进行统计分析，统计季度、年度考核项分数柱状图，系统需自动展示每个单位季度、年度考核结果的得分和名次趋势图。还需设置年度综合考评模块、体系审核打分模块、控制指标打分模块、安全风险系数、贡献系数模块。

业绩考核业务还包括对 QHSE 审核成果的管理，其中油田公司内部审核得分从体系审核系统中获取，持续改进得分由安全环保部体系科进行打分。QHSE 业绩考核业务模块需要根据集团审核、油田审核问题整改的完成率、问题原因分析、整改及预防措施制定、追责问责情况进行持续跟进展示。

3. 作用机制

建立以奖惩机制为导向的业绩考核管理业务。奖惩机制运行要做到"奖惩"兼具，对应到考核管理业务中，就是要加分与扣分并行（见图 8-6）。在 QHSE 信息化监管平台上，加分项与扣分项分别列示，不同作业区采油厂的得分扣分情况在平台展示界面上以柱状图或散点图的方式展示。

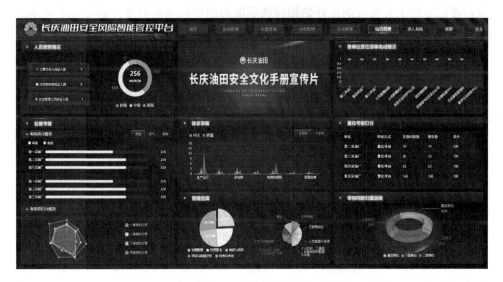

图 8-6　系统展示界面

为了落实责任、合理激励，QHSE 业绩考核业务模块以公平、严格、公开、客观等八大原则为基础，以长庆油田实际情况为出发点，将考核管理业务分为过程考核、体系审核、控制指标三部分；QHSE 业绩考核结果由过程考核、业绩考核、控制指标以及风险指数、贡献指数综合得出。

从管理的角度上看，考核业务归根到底还是一个企业的内部控制业务，为了保障业务的独立性、公允性、专业性，应由内审部门牵头制定业务开展方案。内审部的负责人通过深入考察各个厂处及下属作业区后制定考核方案，直接对考核业务的结果负责，责任要落实到具体负责人。同时，油田公司实行业务交叉复核制度，不同的项目负责人交叉复核其他的负责人的项目，以形成双重保险。

（三）QHSE 人员管理业务——强化工作人员资格能力

1. 逻辑起点

QHSE 人员管理业务实现主要分为公司级、厂处级以及作业区级三个层级。公司层级主要负责确定人员管理详细指标制定、进行员工考核和监督持续改进，构建统计分析排序系统分析各个单位职员的表现。此外，公司层级在人员考核方面主要负责制定人员培训标准、搜集相关从业标准和定好相关考核制度。在履职能力评估方面主要负责制定评估相应履职能力的资格培训制度，确定每个证书的加分项及能力培训周期。

厂处级主要负责对作业区级人员能力的审核结果进行整合汇总及上报，时刻监督并提升员工的履职能力。在履职能力评估方面各厂处主要负责对员工进行周期性的培训安排，鼓励员工考取专业领域内相关证书并接受继续教育。并在展示平台上按照审核员级别、行政级别，以及注册安全工程师、安全生产承包人的行政级别进行该处人员资格能力的统计展示。

作业区的工作性质使其更注重人员的实务资格能力。对作业区的员工同样实行考核制度，考核关乎作业区级中的每位员工的绩效以及未来发展机会，员工都应积极投入该项业务中，按照规范的考核标准进行工作，努力提升个人及单位的总体排名。在履职能力评估方面各作业区主要负责敦促员工参加继续教育，并鼓励有能力的员工考取相关职业证书，组织员工参加周期性的培训会。作业区可根据每类员工的培训取证情况，进行下次复证、下次培训的到期提醒。

2. 要素解构

目前 QHSE 的人员资格能力管理还停留在手工管理模式，长庆油田各单位按照人员类型汇总统计、各自管理，对于人员取证情况油田公司会到现场进行抽查、审核。这些管理方式严重拖后管理效率。而 QHSE 人员资格能力管理系统关联于集团公司人力资源系统，将各单位人员录入系统，实现电子化、统一化集中管理。切实提高了人力资源管理效率。

人员管理系统建设重点主要针对 8 类关键人员和其他人员，如职业健康管理人员、环境统计人员等的录用、培训，重点员工对于集团公司及油田公司管理规定的执行与落实情况。以审核员为例，系统需录入审核员级别(初级审核员、中级审核员、高级审核员)及审核员取证情况(CCAA 认可的质量、安全、环境或职业健康实习审核员资格、HSE 咨询师证书、HSE 内审员资格证书、国家注册的安全工程师、消防工程师、环境工程师等)。同时还需根据《长庆油田分公司 QHSE 管理体系审核员管理办法》，每年组织审核员复训一次，及时更新审核员存在、退出、注销的状态。QHSE 人员管理系统建设内容如表 8-2 所示。

表 8-2 　　　　　　　　　　**QHSE 人员管理系统建设内容**

关 键 事 项	涉 及 人 员	资格能力管理
审核员	包括集团公司、勘探与生产分公司、油田公司及各单位培养的 QHSE 体系咨询师、审核员、安全环保诊断师、审核师等	主要对油田公司审核员基本信息、审核经历等情况进行管理
注册安全工程师	处级、科级、一般管理人员	主要管理注安人员注册申请、注册审批、继续教育等信息，可对下次培训、延续注册进行到期提醒
主要负责人和安全管理人员	主要负责人和安全管理人员	主要管理资格取(复)证、培训考核记录情况，可按照取证时间、培训时间进行到期提醒
特种作业人员和特种设备操作人员	特种作业人员和特种设备操作人员	管理人员取证类型、复审情况、定期培训情况，可对证书有效时间进行到期前提醒

关键事项	涉及人员	资格能力管理
履职能力评估	新提拔或调整到关键岗位的二级管理人员、安全科长、安全副总师	包括评估结果(是否可以提拔或调整)、评估的优秀项及改进建议、以及下次评估时间等
安全生产承包人	每位员工	每半年或每季度需要开展监督检查等活动,对活动情况进行记录,包括活动时间、发现问题、整改期限、整改情况等,需要到期提醒
安全生产述职	新提拔的二级单位主要负责人和安全总监等人员	评审委员会提出的问题、现场述职情况及得分、调查测评情况及得分、述职测评等级,以及下次述职时间等
质量安全环保巡查员专家库	专家、系统管理员	主要实现对各年度巡查员信息的录入、专家信息检索功能

3. 作用机制

长庆油田是一个人才聚集的经济根据地,实行以人才发展为导向的人才管理机制。目前 QHSE 人员资格能力管理系统的建设根据"定好标、把好关、用好人"的目标不断充实与完善。正如习近平总书记所讲:"国家发展靠人才,民族振兴靠人才。"对于一个企业来讲也不例外。长庆油田已经拥有一支规模宏大、素质优良、结构不断优化、作用日益突出的人才队伍,通过 QHSE 信息化管理系统赋能员工管理工作,严格地履行"严审严进"的员工管理政策,优先录用并重点培养具备相应的胜任能力(相应的证书或高级职称)的员工,让每位员工都能够在自己胜任的岗位上发光发热。

(四)体系审核业务——强化问题的追踪整改

1. 逻辑起点

体系审核业务实现主要分为三个层级,公司级、厂处级以及作业区级。公司级根据审核后的各层级管理人员根据本部门的实际情况制定的计划,制定审核标准、审核方案与审核计划。相关审核人员应当具有相应的独立性与专业胜任能力,并在审核过程中形成审核工作底稿以记录受审单位、审核员、审核时间、问题性质、问题描述、判定依据、整改建议、问题追溯等要素。问题记录完成后，要与相应的被审核人员进行审核问题沟通。在双方都不存在误解的前提条件下，将审核问题上传 QHSE 监管信息化系统整合平台。同时，在 QHSE 监管信息化系统整合平台加入"按审核项打分"、"按审核内容打分"、"按审核要点打分"三种审核打分环节。量化打分完成后，公司根据结果填报总分，平台自动计算该单位的实际打分、得分率，并进行公示。

厂处级主要负责建立问题台账、审核员评分、建立二级单位审核方案、内审问题清单、二级单位审核总结、问题整改验证及审核整改统计等工作。除了完成公司层面的任务，厂处级还需进行问题整改反馈验证工作，并将反馈数据上传到 QHSE 信息化监管平台上，具体包括：整改情况、完成时间、整改负责人、所在单位、部门、整改措施、原因分析、问题整改附件等。

作业区级主要负责审核业务的执行。作业区是每一个厂处的逻辑单元，其中涉及的审核业务更为细致，形成的反馈更为全面。每一个作业区的审核业务反馈，都与实际的体系业务相契合。这些信息有利于高层管理人员切实了解各个厂处作业区的实际运作情况，有利于决策者根据各厂处的实际情况制定适当的政策安排。

2. 要素解构

审核层级按照公司级、厂处级和作业区级进行划分，公司级的关键审核事项包括：审核标准的确定、审核方案的制定、审核计划的确认。厂处级的关键审核事项包括厂处级审核方案制定、内审问题清单处理、审核总结。作业区级的关键审核事项包括：问题整改验证、信息整理反馈(见表 8-3)。

表 8-3　　　　　　　　　　**体系审核流程及层级落实**

主 要 事 项	层级	审 核 管 理
企业审核准备	公司	审核标准、企业审核方案、企业审核计划
企业审核实施	公司	问题记录、问题确认、问题清单审核亮点、审核打分、问题台账-各部门、审核员评分
二级单位审核	厂处	审核方案、内审问题清单、审核总结

主 要 事 项	层级	审 核 管 理
问题整改	作业区	问题整改验证、审核整改统计
企业统计分析	公司	专业层级分布、问题主要分布、要素分布、管理原因、打分统计
二级单位统计分析	厂处	专业层级分布、问题主要分布、要素分布、管理原因

3. 作用机制

体系审核业务坚持以纠正问题为导向。体系审核业务属于内部审计的业务范畴，目的在于检查公司审核体系是否符合标准要求，是否得到有效的保持、实施和改进。体系审核管理业务审核范围覆盖综合管理所有业务，通过对获得的审核证据进行客观的评价，通过系统的、独立的审核过程，为 QHSE 信息监管及规范管理打下坚实基础。

QHSE 监管信息化系统整合平台进行体系审核管理有助于问题的发现和改进。通过对问题的发现及薄弱环节的识别，有助于切实提升综合管理业务体系有效性。QHSE 监管信息化系统整合平台需遵循组织、计划、准备、实施、发现问题、纠正措施的顺序开展体系审核管理业务。审核业务同样采用打分制，按照管理层级递进审核。

(五)培训管理业务——规范员工的后续教育

1. 逻辑起点

培训管理业务实现主要分为公司层面搭建培训系统和员工层面实施培训计划。公司层面主要是为培训业务实现进行安排与指导，各级的负责人是培训的第一责任人，负责协调培训资源、指导开展培训、督促落实培训计划和保障培训工作顺利完成。人事部门应根据公司发展战略、员工能力评估结果，以及各部门、各单位培训需求调查结果，制定公司年度培训计划并组织实施和效果评估。培训的策划应考虑不同层次员工的职责、能力和文化程度以及岗位存在的风险。按照需求分析、计划制定、组织实施、效果评估的流程开展培训。同时各部门、各单位应根据年度培训计划，重点做好基层操作人员、管理人员和技术人员培训。QHSE 培训管理系统可以提高员工培训工作的科学性和效率，积极响应了长庆油田对于人才的培养政策，满足公司对新员工的系统、综合、科学培训的需要。

在员工层面，新员工要严格遵守员工培训管理守则，合理运用 QHSE 员工培训系统，最大化发挥 QHSE 员工培训系统的功能。对于安全管理、计量、特种作业等必须持证上岗的岗位，应按规定通过系统培训员工使其取得相应资质，对新入厂、转岗、离岗一年以上重新上岗的员工，应重新组织培训。积极推广建立基层操作岗位 HSE 培训矩阵，将 HSE 培训与岗位业务或技能培训紧密结合，开展分岗位、短课时、小范围、多方式的需求型日常培训，建立并维护培训记录和档案。本着以需求为导向，以岗位操作员工"缺什么、补什么"为原则，为员工定制以下八个方面的培训"菜单"，同时将培训岗位、人员、课程、档案等融入信息化管理中，实现一人一档跟踪管理(见表 8-4)。

表 8-4　　　　　　　　　　　　　　**员工培训"菜单"**

菜　　单	主 要 内 容
题库管理	根据单位、岗位、题型、难度、试题类型等不同维度将试题库进行分类。试题内容包括题干、选项、解析等内容。最终形成不同维度的题库
试卷管理	维护每次模拟考试或者在线考试的试卷。包括试卷名称、试卷分类、单位、试用的岗位、以及试题的难度、数目、不同题型等。试卷分为固定试卷(三级教育等)和自主配置试卷
考试管理	维护考试的基础信息，包括考试时间、参加人员等信息。用于配置考试人员、考试时间及考试所用考卷
我的考试	根据不同的人员推送相关的考试。并且进行在线考试。在考试过程中每名用户的试题都是随机生成的不同的试题。并且在考试过程中控制考试页面的移除、禁止考试过程中查找答案、即时通信等舞弊手段等
考试记录	考生每次的考试结果的查询。具体考试内容、试题的解析等地查看
我的错题	汇总在考试过程中及日常练习中产生的错题。在我的错题中可以移除，也可以重复练习错题

菜　　单	主 要 内 容
我的收藏	汇总在练习及考试中收藏的试题，在我的收藏中可以重复练习也可以取消收藏本题
题库练习	日常练习途径，可以根据不同岗位、不同试题类型进行切换练习

2. 要素解构

长庆油田培训管理业务关键要素主要由以下四点构成：

制订培训计划。各级部门负责组织识别 QHSE 培训需求，制订培训计划，并对结果和效果进行跟踪。每年初公司人事部下发培训需求收集表，各单位收集培训需求并制订计划后上报，由公司人事部统一制订下发当年培训计划。

确定培训对象。一是公司各级、各类员工必须接受与所从事岗位业务相关的 QHSE 培训，经培训考核合格方可上岗，并应定期进行 QHSE 再培训。国家法律法规、地方政府和集团公司要求必须持证上岗的员工，应当按有关规定培训取证。二是发生造成人员死亡的安全生产事故的单位，其主要负责人、安全生产管理人员和其他有关人员均必须重新参加安全培训。详细培训要求参照培训管理办法。

明确培训内容。内容主要包括以下六点，一是国家安全环保方针、政策、法律法规、规章及标准，中国石油天然气集团有限公司及油田公司 HSE 规章制度及相关标准、规定。二是 HSE 管理基本知识、HSE 技术、HSE 专业知识。三是重大危险源管理、重大事故防范、应急管理和救援组织以及事故调查处理的有关规定。四是职业危害及其预防措施、先进的安全环保管理经验，典型事故和案例分析。五是员工个人岗位安全职责、工作环境和危险因素识别防控、操作规程、应急处置技能等。六是其他需要培训的内容。

进行培训考核。长庆油田按照员工教育培训工作管理办法定期对各单位培训工作进行考核，并将其作为 QHSE 管理体系审核的重点内容；油田公司按照员工教育培训工作管理办法定期对各单位培训工作进行考核，并将其作为 QHSE 管理体系审核的重点内容。

3. 作用机制

建立以战略发展为导向的培训管理机制。培训管理是长庆油田人力资源管理体系的重要组成部分，培训能提高员工的职业能力、有利于企业获得竞争优势、有利于改善企业的工作质量、同时也有利于高效工作绩效系统的构建、满足员工实现自我价值的需要。现代企业之间的竞争，归根结底是人力资源的竞争，其核心是人才的竞争。有效的培训管理将促进员工在知识、技能、态度上不断进步，最大限度地使员工的职能与现任或预期的职能相匹配，进而提高工作绩效。

以建立动态化培养方案为管理手段。培养方案要有动态性，不能形成思维定式，要结合员工能力、员工表现对员工进行综合打分，根据员工得分情况为其安排合适的岗位，真正做到人尽其用，德才配位。

小　　结

长庆油田 QHSE 监管信息化整合平台以监控管理、监督管理、业务管理、专项管理、综合管理五项业务的实现为内核进行构建。长庆油田通过总结提炼五项基本业务的"5S"要素，即以精密监控实现数据全方位获取、逐级监督实现隐患多维度管理、业务聚焦实现资源可持续化开发、专项管理实现优势创新化打造、系统协同实现功能结构化驱动，遵循数据安全原则和数据规范原则，结合组织保障、制度保障、资金保障和运行保障等保障措施，实现平台搭建并顺利运转，进而实现 QHSE 的战略目标。长庆油田 QHSE 监管信息化整合平台面向管理层，从监管角度出发，将原有和新建的各类业务系统依托统一的标准进行接入，实现监管信息的全面整合与共享、业务应用的智能协同，依托数据资源和信息资源，为管理者提供智能决策支持。

"监控管理"具体分为作业现场监控、生产现场监控、智慧交通预警、应急预警监控及视频 AI 监控五项业务，将统计过程控制理论（SPC）作为底层逻辑，对长庆油田"监控管理"方面的 5 项监管业务、18 项监管内容涉及的所有监管内容进行功能设定、内涵探析和预期效果的梳理。通过六场景范围交织、五业务全程监控和三层级数据共享，实现长庆油田生产运行全过程的监控管理系统的搭建、数据分析功能的强化以及风险防控能力的提升，突出 QHSE 监管信息化系统整合平台下监控管理全程性、及时性、智能性的强大优势。

"监督管理"具体分为安全环保监督、工程监督、质量监督、质量安全环保巡查及地面监理五项业务，结合反馈控制理论，对长庆油田"监督管理"方面的 5 项监管业务、16 项监管内容涉及的所有监管内容进行内涵意蕴、关键要素和实施效果的梳理。通过构建 QHSE 多业务流合一的一体化监管体系，形成业务归集、数据规范、标准统一、预警报警的信息监管机制，强化业务和数据信息的不同层级有效管理，确保形成大监督合力。

"业务管理"具体分为安全管理、环保管理、质量管理、节能管理、职业卫生管理及消防管理六项业务，以 OKR（目标与关键成果法）为工作方法论，对长庆油田"业务管理"方面的 6 项监管业务、30 项监管内容涉及的所有监管内容进行建设内涵和功能实现的梳理。通过分析 QHSE 监管信息化系统整合平台业务管理各模块与"安全生产一体化监管、业务流归集、数据流统一、大数据分析"总体目标间的连接关系，展示了 QHSE 监管信息化系统整合平台构建大型低渗透油气田大监督体系，服务了安全生产业务管理、数据分析统计、辅助管理决策等关键性功能。

"专项管理"具体分为危机作业管理、重大危险源管理、承包商管理、隐患管理、设备管理、三同时管理、事故事件管理、双重预防、HSE 履职智能、风险防控、绿色矿山管理及敏感区管理十二项业务，以核心竞争力理论为逻辑起点，以形成的"832"体系为抓手，对长庆油田"业务管理"方面的 12 项监管业务涉及的所有监管内容进行梳理。通过利用长庆油田区域数据湖，实现各业务部门决策的一致性、系统性，对各专项业务进行实时监督管理、持续优化，发展产业竞争优势，实现了长庆油田勘探开发一体化、地质工艺一体化、生产经营一体化的新蓝图。

"综合管理"具体分为资料制度库、业绩考核管理、QHSE 人员管理、体系审核及培训管理五项业务，以 SCS 理论框架（系统综合化、共轭生态理论、系统工程）为内在逻辑，对长庆油田"综合管理"方面的 5 项监管业务、27 项监管内容涉及的所有监管内容进行逻辑起点、要素解构和作用机制的梳理。通过各部门、各系统的配合，员工与系统、资源与环境之间的协调，新技术、新手段的运用，达到最优管理，实现了整个油田的全面监管、全面审核、智能化统一运管。

　　综上所述，长庆油田以五项基本业务的实现为目标，搭建并运行 QHSE 监管信息化整合平台。通过"5S"要素引领与五项业务各自的逻辑支撑，筑牢 QHSE 监管信息化整合平台理论根基。通过业务梳理与分析解构，夯实 QHSE 监管信息化整合平台运行基础。通过各系统配合与平台信息实时更新，强化 QHSE 监管信息化整合平台展示效果。通过 QHSE 监管信息化整合平台的搭建，管理者能够及时全面了解业务运行管理各个环节的关键指标，逐步实现被动式管理向主动式响应的转型，从而不断向"智慧化"业务监管的目标迈进。

展　望　篇

促进数字技术和实体经济深度融合，赋能传统产业转型升级。

——习近平

第九章　QHSE 监管信息化未来发展趋势

现代数据信息技术发展对于油气行业有着革命性意义，其应用能大幅度提升企业内部管理效率、降低管理所需成本、提高风险管控效率及其安全生产效能。为完善长庆油田生产安全管理，发展更为先进的专业应用平台，长庆油田在现有生产监管自动化基础上逐步向 QHSE 监管信息化发展。本章在长庆油田现有管控机制的基础上，展望 QHSE 监管信息化的未来发展趋势，旨在探索提升长庆油田自身风险管控效率的技术方法。通过大数据技术在 QHSE 监管信息化平台中发挥的重要作用，就如何协同管控发展、事前控制风险等方面进行趋势展望。

第一节　大数据技术促进管控协同发展

一、风险管控信息化趋势发展

近年来，以大数据为技术支撑的现代企业治理理念和模式日益融入风险管控领域，面对严峻复杂的风险治理挑战，厘清大数据与风险防控之间的内在关系，分析各种潜在风险，对完善长庆油田风险防控体系、推进风险治理能力现代化具有重要意义。在风险管控中运用大数据技术，是以信息通信技术和计算机技术为基础，对长庆油田内部机制运行与员工活动信息进行处理。从技术嵌入视角看，大数据技术在长庆油田重大风险管控中可以分为三个阶段，分别是技术前期应用阶段、技术应用与长庆油田组织结构相互作用阶段，以及长庆油田组织结构自我重塑阶段。

（一）技术前期应用阶段

大数据技术应用主要通过长庆油田组织结构和资源要素的系统嵌入实现。这一应用以长庆油田为主导，主要集中在各厂处级单位之间的业务流程、日常管理、信息沟通等方面，实现内部管理系统与技术信息网络的共享，提高公共管理效率。风险防控工作的主要任务就是在风险出现之前建立分析和预测风险的方法、策略，确保风险出现后能够有效应对。事前准备包括突发风险事件的处置方案、可能存在风险情况分析、科学严密的管控方案、严密的风险评价技术手段等，为应对重大风险提供充分的技术支撑。在风险识别方面，通过大数据智能挖掘、数据分析和数据推演等方法，精准识别可能存在的各种风险，加强对现场作业区域的分析和管理，及时辨别影响风险的因素和风险源，并针对可能出现风险的概率和造成损失的程度，进行科学评估权衡，有针对性地做好预防准备工作。

（二）技术应用与长庆油田组织结构相互作用阶段

在互动阶段，技术应用与组织制度变革形成交互作用的内在逻辑。在大数据技术推动下，长庆油田内部系统和各厂处级单位之间的协作行动、信息共享活动、单位之间的整合力量不断增强，以组织协同行动为特征的行动模式出现。大数据技术发展改变长庆油田各厂处级单位之间的互动方式，推动风险信息供给方式的创新，跨界共享数据库可以进行更大范围风险信息的整合。在大数据时代，随着互联网信息共享机制的发展，长庆油田对风险管控的内容和方式也发生了改变。各厂处级单位对风险信息公开、透明等要求日益强烈。在这种情况下，长庆油田通过信息共享保持灵活性，整合多方力量。在大数据决策支持系统帮助下，各厂处级单位之间建立密切的合作沟通，实现应急处置和业务连续性的平衡，确保风险决策支持系统成为强大的信息管理系统。

（三）长庆油田组织结构自我重塑阶段

大数据技术推动现代企业治理内容和治理手段革新，在技术嵌入系统作用下，长庆油田以技术赋能为基础推动风险管控体制、治理手段、技术应用等方面的变革。大数据不仅是分析预测的技术手段，而且还是一种统筹全局的理念和能力，对长庆油田风险治理体系和治理能力现代化提出严峻挑战，从根本上改变现代企业治理所依赖的物质基础和技术基础，推动长庆油田角色和功能定位的重大变化。所以，长庆油田将大数据嵌入风险管控治理过程，根据大数据技术的应用前景实现风险治理能力和治理结构的自我革新、自我发展，是推动长庆油田内部和各厂处级单位互动关系的渐进性变革的应然之举。

由此，结合 QHSE 监管信息化整合平台的发展优势，长庆油田将逐步打造系统化平台，促使大数据信息化整合平台实现制度落地；推动信息化与风险管控业务相结合，实现事前预警，动态监控，实时多渠道风险预警。无论是风控体系上报，或是风险处置、整改过程，该平台将有效实现全过程闭环可视化管理，最终以可视化形式呈现进而提升管控效率。

二、双重预防数字化模式显现

从长远来看，双重预防机制将为长庆油田降低总成本，并提高其作业效率及整体安全性。长庆油田因其现有的双重预防机制需要降低复杂性、减少管理漏洞和提高管控效率，这进一步促使数字化双重预防机制正在长庆油田加速实现。而双重预防机制的数字化整合趋势正在推动安全架构信息化的集成。但是，长庆油田仍然需要定义一致的数字化双重预防机制策略。网络安全网格架构（CSMA）作为数字化的一种集成方式，无论作业现场是在本地还是在外地，都有助于为长庆油田的双重预防机制提供通用的集成安全结构和状态，以保证各地作业现场的安全。上述网络安全网格架构并不是彼此独立，而是相辅相成的。总的来说，上述趋势将有效推动长庆油田发展好自己的数字化双重预防机制，以应对未来的安全和风险管理挑战。

（1）《安全生产法》要求各行业全面开展安全风险分级管控与隐患排查治理机制，两者合称为"双重预防机制"。而在数字信息化时代下，优化整合安全信息数据，可以反映出作业现场的安全状态、风险等级。同时，数字信息建设可助力提升常规查安全的工作效率，增强人工成本管控意识。因此，构建数字化双重预防机制成为当下长庆油田实现安全高质量发展的重要抓手和方式。加快推进安全风险分级管控与隐患排查治理机制的数字化建设是大势所趋、战略之举。打造长庆油田数字化双重预防机制建设，推动长庆油田风险预警精准化、风险管控系统化、危险作业无人化、运维辅助远程化，将为长庆油田实现安全风险管控数字化转型、智能化升级注入新动能。依靠大数据、物联网、区块链、人工智能、元宇宙等新一代数字信息技术，是建设长庆油田 QHSE 监管信息化整合平台的技术抓手与未来导向。加强数字化在感知、监测、预警、处置、评估等方面对长庆油田风险双重预防机制的赋能作用，是破解长庆油田安全生产的痛点、难点、堵点问题的关键，也是长庆油田实现双重预防机制转型升级的必由之路。

（2）数字化双重预防机制包括数字化风险分级管控与数字化隐患排查治理系统。数字化风险分级管控功能是系统利用风险隐患库的数据支撑，实现基层管理的风险辨识登记、评价分级、管控措施制定、排查计划制订等一系列风险分级管控工作。其可以实现对安全管理标的风险源头治理，对管理区域内的风险隐患全面汇总，输出符合风险分级管控相关管理要素的清单、报表，以方便管理人员工作开展。数字化隐患排查治理系统则涵盖了安全隐患排查治理各环节基本要素和工作内容，通过 PC 端和手机 APP 实现以安全隐患排查治理业务流程为主线的移动线上管理机制，处理流程清晰、简洁、快速灵活，对隐患排查治理工作进行及时、有效地跟踪；同时可以实现并完成隐患排查、上报、整改、复查、记录留痕、表单存档等一系列闭环工作。该系统能实现责任层级化，明确责任主体，构建管理体系；工作规范化，提高工作质量，实现工作闭环；办公信息化，实现移动办公，消息传递及时；管理数字化，数据实时统计，实现动态监管。数字化双重预防机制除了安全风险分级管控与隐患排查治理两大核心业务外，还内置安全交底管理、巡查管理、应急管理、方案报审、标准图集等功能。以上功能可以实现对业务安全的全方位管理，提供检查业务安全风险的参考标准和检查方法。管理员可通过 PC 端+移动端，实现风险源辨识、风险评价、风险分级管控、隐患排查、隐患治理、持续改进的 PDCA 闭环管控。各类风险管控数据表单可通过 QHSE 监管信息化整合平台一键生成，简单高效。

（3）数字化双重预防机制还涉及数字化安全管理资源库和数字化安全教育。数字化安全管理资源库包含文件资料库、规范标准库、风险隐患库、安全应急预案。数字化安全管理资源库能确保企业内部管理文件实时上传，如安全教育培训资料、安全应急预案、内置现行有效施工安全规范标准及行业风险隐患等，管理者则可通过 PC 端或手机移动端可实时进行线上查阅和维护。数据管理中心系统自动汇集统计安全管理实时数据、通过数据看板协助管理层同步掌握安全管理状况，管理者可通过系统数据追根溯源，进行管理改进。数字化安全教育是长庆油田安全生产活动中一项重要工作，是贯彻"安全第一、预防为主"方针，实现安全生产、文明作业、提高员工安全意识、减少风险事故的有效途径。"安全管理日志"功能为安全员提供了安全生产日志在线记录功能，安全员可通过 App 或 PC 端填写安全日志、同时为长庆油田安全管理监管工作提供可视化端口，落实安全责任，推动安全发展。综上来看，数字化双重预防机制能帮长庆油田做到隐患不排查系统有察觉、整改不及时系统有警示、责任不落实系统有考核、效果不提升系统有评估，形成长庆油田安全管理新模式。

三、隐患排查数据化系统支撑

当前，长庆油田因其作业强度大、作业复杂程度高的特点，隐患排查困难程度较大，耗时较高且效率较为低下。基于此种原因，业务漏洞正在蔓延，预计会出现更多威胁。单一的集中式业务安全管理功能将无法满足长庆油田隐患排查的需求，长庆油田必须重新定义隐患排查矩阵，让领导者能自主做出风险决策。除此之外，人为错误仍然是隐患排查漏洞的主要因素。这表明传统安全管控方法是低效的。先进的组织正在建设组织整体安全行为和文化计划（SBCP），而不是继续采用过时的以合规为中心的安全意识活动。SBCP 侧重于培养新的思维方式和行为方式，旨在为组织培养更为全面的隐患排查工作方式。随着长庆油田安全隐患排查的需求和期望日益增加，这要求其要具备更为灵活的隐患排查能力。因此，油田业务的范围、规模和复杂性使长庆油田必须超越传统安全监控、检测和响应方法，运用大数据技术以排查更为广泛的安全风险。

一般来说，油气行业事故影响较大，需要及时响应。因此隐患排查人员在发现事故隐患的第一时间须及时处理。而任何事故的发生都是不确定因素的综合作用结果，其表现形式呈现出一定的规律特点。如：事故发生场所主要集中在某核心工作地点；主要事故类型集中在钻井、运输等专业；1 月是重大事故的高发月；事故隐患主要发生在一线工作岗位。可见，事故发生与其场所、专业、时间及岗位等不同维度信息存在一定关联。

目前长庆油田隐患排查信息管理系统多为信息报送系统，缺失对事故隐患采集信息准确性、时效性的保障功能，难以支撑及时、有效的工作核查，同时缺乏对应急响应的信息化支持，难以在应急状态下实现高效协同工作。因此，隐患信息数据简单化管理、多终端关联互动、应急响应智能化处置、隐患数据多维分析，以及对隐患的预测预警，是隐患排查工作急需实现的目标。

数据化隐患排查系统中的大数据与物联网等技术能将事故隐患信息与场所、专业、时间及岗位相关联，进行多维分析与展示，从而实现多维度预测预警分析。因此数据化隐患排查系统的出现为这些目标的实现提供了有利的满足条件。数据化隐患排查系统中的多终端协同处理事故模块在长庆油田安全隐患排查工作中的发挥着重要作用。数据化隐患排查系统通过构建智能手机、PDA等多种终端与 PC 端关联互动的互联网+协同信息处理模式，使得管理员可在任何场所的智能终端登录数据化隐患排查系统，并对事故隐患信息进行有效处理。

第二节　大数据技术提升事前控制效用

一、构建事前预测系统化模型

从事前控制的角度看，实现安全风险事前预测的过程是一个数据搜集、数据整合、数据提炼、数据挖掘、安全分析、安全情势判断、安全监测、发现风险的过程。因此，风险事前预测问题常常表现为信息问题，尤其是对一些突发性安全事件。长庆油田若能及时准确地获得信息、甄别信息、分析信息并快速作出决策，便能正确应对处理突发事件。故借助大数据技术构建事前预测系统化模型显得尤为重要。

事前预测系统化模型一旦建立，长庆油田在事前阶段便可以对其设备故障的种类、原因、影响等参数进行统计分析，并构建故障预测模型。长庆油田还可以借助事前预测系统化模型为其设备的购置、维修、升级等业务计划提供支持。其包含预防性维修和预测性维修。事前预测系统化模型亦能对设备的关键技术参数、关键零件使用情况等参数进行统计分析，提出预防性维修或预测性维修建议。除此之外，气象预测功能是事前预测系统化模型借助大数据技术实现的最典型的事前风险防控功能。地震、洪涝、高温、暴雨这些自然灾害如果可以通过大数据技术进行更加提前的预测和告知，长庆油田便可以通过事前预测系统化模型进行实时的数据监控收集，再利用大数据预测分析，做到更精准的自然灾害预测。而这些将极大提升长庆油田在生产作业的过程中面对气象安全隐患及时做出响应的速度。

建立上述事前预测系统化模型，长庆油田须对生产工作运行中有关安全生产的大量相关数据进行采集、整合、处理、加工，以构建指标体系来梳理油气生产的工作运行体征。借助大数据技术，长庆油田还可以采用移动终端等物联网设备进行移动管理，为油气生产安全监测、综合分析、预警预测、辅助决策等事前预测功能提供服务，充分发挥事前预测系统化模型的潜在价值，以提高油气生产安全管理水平。

二、完善事前预警高效化体系

在长庆油田生产安全事件中，传统的处理难点是如何对数量巨大、类型各异的结构化数据进行快速处理。由于当前的事前预警体系不够完善，会导致对于一些来自作业现场大量鲜活的、碎片化的"原生态"非结构化数据信息突然涌出，使得现有预警体系短时间内无法进行结构化处理。这就使得对这些突发性事件做出及时反应变得尤为困难。

但与大数据相关的各类技术，如感知技术、物联网技术、云计算技术、移动网络技术等，可以快速将与风险相关的各类数据进行全方位采集和快速传输，快速挖掘出事件的原因、规律、趋势、后果，并及时进行预警。长庆油田可以根据这些预警，对突发性安全事件进行部署防范，以减轻风险带来的企业效益损失。以此来看，大数据技术为完善安全风险事前预警体系提供了更为强大的数据基础，提供了新的数据处理方法和有效的预测手段，从而保障了风险预警的科学性和高效性。

从整个油气行业的角度而言，一旦发生火灾、地震、洪涝等各种突发性灾害，往往会造成大量的人员伤亡和惨重的财产损失，严重影响自然环境的生态稳定和油气企业的可持续发展。利用大数据技术来完善事前预警体系，可以为油气行业进行实时服务和预报，以降低突发性风险给油气行业带来的冲击力，这也是大数据技术在未来的一项非常重要的应用。

三、优化事前预防精准化机制

发挥大数据技术在油气行业风险事前预防方面的作用，需要加强事前预防机制的顶层设计，借助大数据技术进行统筹谋划，确保事前预防机制精准化实现。

（一）推进大数据技术嵌入事前预防精准化机制建设

首先，建立重大风险精准识别机制。借助大数据列出生产安全风险清单，完善生产安全风险诊断和防范机制。在处理应急突发事件中，利用大数据技术快速甄别相关信息，并将涉及事件的信息数据化、可视化，做好相应预案，达到精准化预防。其次，建立突发事件责任机制。根据分级管理逐层落实原则，明晰责任，并对信息的收集、处理、报告分级管理。根据大数据分析系统进行风险信息管理和沟通，对突发事件信息进行精准识别、开展风险点隐患排查，达到预防安全事故发生的效果。再次，建立突发事件的动态监管机制。利用大数据技术对生产安全事件开展前瞻性预测，并跟踪事件演变趋势，对重点风控点和危险源做到管控，尽量避免不可预测的事件发生。最后，完善信息资源共享机制。借助大数据技术，加强不同部门数据信息合作，完善信息技术和管理制度，规范相关数据统计标准，完善数据编码，处理和共享数据资源。通过大数据打通信息梗阻，促进部门之间的密切沟通，推动生产安全管理有效运行。

（二）借助大数据技术建设突发事件大数据集成平台

一方面，通过顶层设计统筹谋划，从数据来源、数据分析、数据运用等各个环节入手构建综合性大数据应用管理平台。在数据来源方面，科学把握数据信息来源渠道，确保数据的广泛性和有效性。在数据分析方面，集中行业力量和智慧，探索数据开放机制，提升风险信息的针对性和有效性。在数据运用方面，对数据质量进行有效维护和管理。明确各类数据接入权限，实施系统加密，构建漏洞扫描系统、数据库神经系统，以确保数据规范安全有效。另一方面，加强长庆油田事前预防机制中的人才队伍建设。大数据技术的实际应用，离不开专业技术人员和管理部门人员的广泛参与。大数据技术作为一种方法工具，不仅需要信息网络、计算机等专业技术的支撑，而且还需要加强员工专业知识培训，深化油田风险防控能力培训和业务训练，真正提升大数据专业技术人才队伍的能力和水平，由此确保事前预防精准化机制有效运行。

第十章 QHSE 监管信息化的智能化展望

习近平经济思想聚焦于"实",从劳动价值论出发,统筹经济学与哲学关于价值的双重意蕴,把经济活动的起点、主体牢牢锚定在生产、制造、创新等劳动性活动上,为新时期人类发展引领航向,向充满不确定的世界注入实实在在的发展动力。

当下,契合于时代发展的科技创新发展动力集中表现为区块链、人工智能、物联网和元宇宙等技术。油气行业应用区块链技术潜力巨大,区块链技术的分布式结构、去中心化等特点可作为长庆油田优化资源配置、降低成本的保障。人工智能将在长庆油田 QHSE 监管信息化整合平台中显示出积极影响,长庆油田将越来越依赖人工智能技术来提升油气生产效率。物联网在油气行业中能够为其提供显著加成,如油气供应、传输和分配等。元宇宙与长庆油田 QHSE 信息化系统整合平台的概念性融合,能使油气生产运作得更加高效、清洁、经济,进而提高长庆油田系统的安全性、生产率和可持续性。本章拟探索将以上几种现代科技创新技术应用于长庆油田 QHSE 监管信息化系统整合平台,并由此对 QHSE 监管信息化系统整合平台的智能化发展进行展望。

第一节 区块链技术应用展望

一、区块链的平台架构逻辑

区块链技术因其具有可追溯性、去中心化和去信用化等特点,正在重塑许多行业领域,如物流、医疗、金融、油气等行业,油气行业是其中主要的领域。区块链技术运用在长庆油田 QHSE 监管信息化整合平台上,能实现管理和信息节点的充分互联，具有较高的安全性和经济性。因区块链技术的兼容性，其应用于长庆油田 QHSE 监管信息化整合平台有着极大的优势。区块链的分散化数据库可以将 QHSE 监管信息化整合平台安全"并联"。其中扁平化的分布式网络结构能够保证长庆油田油气生产的各个节点随时都能进行信息读取和验证。这是因为区块链可以在长庆油田油气生产的各个节点之间共享信息，并且区块链技术使各生产节点彼此独立，如果某个节点发生错误，并不会影响整个区块链，这可以提升长庆油田资源优化配置的能力，增加生产安全性。

(一)去中心化

1. 打破资源壁垒

"安全监管"本身是一项系统性、长期性的工作，需要多层面、多专业和多部门融合推进。如何打破传统安全管理模式下监管资源之间的天然壁垒，在"系统安全"理念下实现各类资源、要素、信息和手段的高效融合、统筹和运用，是做好系统监管、提升安全监管工作的核心。此前，长庆油田各厂处级单位之间大多为业务上的单线联系，彼此协调、交流较少，特别是在安全监管工作中表现较为突出。长庆油田可在去中心化的理念下，将公司和各厂处级单位作为安全监管的重要力量加以整合。一方面可以通过压实长庆油田的主体责任，督促扎实推进安全自我管理；另一方面可以提升安全监管人员的能力建设和培养。去中心化将提升长庆油田自我安全管理的意识，锻炼安全管理队伍，协同各厂处级单位安全治理的思路，能够在长庆油田安全监管方面发挥重要作用。

2. 创新监管制度

在去中心化的理念指导下，长庆油田可以建立安全监管分类管理制度。每年年初其可以根据作业现场的生产规模、发展阶段，综合评估各厂处级单位安全保障能力、安全管理水平等情况，动态调整分类名录，同时还可以进一步制定各厂处级单位的差异化安全监管标准，搭建更为精准的系统监管框架。

(二)可追溯性

1. 实现设备安全可追溯

区块链技术应用具体有以下几种形式：一是实现设备信息可"溯"。该技术应用能够落实设备制造单位、制装单位、检验单位,追溯管理主体责任,实现设备来源可查、流向可追、责任可究,强化设备信息互通共享,提高监管效能。二是实现设备信息可"查"。以设备监管为目标,以区块链云服务器为数据核心,对设备、制装单位、检验单位等数据信息进行操作、查询、管理,安全监管部门可进行设备信息查询、制装详情查看、规则设置,能够实现对设备全流程的数据监管。三是实现设备质量可"控"。运用区块链技术,实行"先录入后审核,审核后再制装",对设备逐一审核,能够实现对制造编号与二维码信息不符、制造、检验信息不全等设备进行清退,严防不合格设备进入追溯系统。同时还能实现报废、过期设备系统自动识别,权限无法开启进行作业,有效杜绝过期、报废设备,把好设备环节安全关、消除事故隐患、保障作业安全。

2. 强化安全责任可追溯

随着区块链技术的引入,每个环节的可数字化记录以及技术本身诸如不可篡改的特点等进一步提高了信息的精准性、真实性以及追溯管理的效率。正因如此,当下关于事故安全责任追溯的问题主要集中在技术层面。尽管"向前一步、向后一步"从环节上明确了单个事故的追溯范围,且长庆油田内的纵向整合也有利于实现单个事故从源头到最终结果的全程追溯,但事故种类繁多、作业现场又涉及跨地域,使得当前所谓的安全责任追溯要求面临客观挑战。对此,区块链的追溯系统以及长庆油田的参与引导,能够有效实现事故安全责任追溯工作的多元共治。例如,以责任的共担而言,长庆油田在区块链追溯系统中可以借助信息化的手段来提升追溯的时效性和精准度。而作为追溯制度的构建者,长庆油田还能够通过完善相应的区块链技术手段,在问题发生时借助区块链追溯系统来定位重大事故的来源和相关的责任人。

(三)去信用化

1. 分散性

构建信用的节点和主题越分散,则机制的可信度越强。相对于 QHSE 监管信息平台的中心式监管系统,运用区块链分散性的监管系统可以缓解平台内单一节点造成的失效。在分散性监管系统中,如果有某一节点失效,它影响的只是风险监管系统中的一部分,而在 QHSE 监管信息平台中心式监管系统中,如果某一节点失效，整个监管系统都会受到影响。这是由于控制功能分散，子系统可靠性提高，对 QHSE 监管平台的配置要求可以降低，对各厂处级单位节点设备的要求也可以降低。系统的输入、输出数据预先通过子系统处理或选择，数据传输量减小，减轻了各厂处级单位节点设备的负荷，提高了其运行控制速度。这会使得 QHSE 监管信息平台系统结构趋于合理（即结构分散），进一步提高其安全性。区块链的去信用化被誉为 QHSE 监管信息平台的发展趋势，是因为区块链作为一种分散式数据库技术，其采取的分散式架构不仅将安全监管数据信息存储在每个节点上，而且每个节点都必须包含整个平台的安全监管数据信息。这种彻底的分散式架构带来的是比信用化更高的安全性，没有人可以同时摧毁所有的节点。

2. 安全性

由于区块链在一定程度是公开、多方参与来共同构建信用的机制，如果存在漏洞导致这套机制并不能按预设运行，那么这套信用机制以及构建在之上的应用将瞬间崩塌。信用化有很多问题，在信用化的模式里，长庆油田的安全监管数据信息都将存储在主体信用服务器里，一旦这个服务器瘫痪，整个监管系统平台都会出现问题，除此之外，长庆油田安全监管数据信息若集中在少数几台信用设备，由于数据信息管理不透明，一旦泄露带来安全隐患，后果将是灾难性的。而去信用化的好处就在于人人参与数据维护，安全监管数据信息不再集中，从而解决了这些问题，所以去信用化可以说是 QHSE 监管信息平台应用区块链的未来变革，每个人都可以平等地参与安全监管数据信息的管理与维护，以此保障 QHSE 监管信息平台的安全性。

除此之外，在长庆油田 QHSE 一体化信息监管中实施区块链技术可以降低维护系统交换的相关成本。区块链可以降低与劳动力、数据管理、结算延迟和系统间通信的相关成本。区块链技术有助于实现多方相关者信息共享，尤其是数据信息跟踪。由此基于区块链技术的 QHSE 监管信息化整合平台能够为长庆油田提供数据的可靠来源。基于区块链技术，长庆油田可以优化油气资源以及相关产品之间的协调，让油气资源信息能够及时且透明共享。以上来看，油气行业是一个会被区块链技术重塑的领域。许多企业都花费大量资金来投资建立一个专门平台服务油气生产，当中，维护、更新和保护这些系统需要大量成本。若长庆油田将区块链技术应用于 QHSE 监管信息化整合平台，系统成本将大幅降低。

二、区块链深化 QHSE 一体化监管

(一)可追溯性将深化应急预警监控的信息安全性

应急预警监控技术作为 QHSE 一体化监管中的数据信息采集端和存储端，将在区块链的赋能下变得更加科学、准确和完善。区块链是一个分散的数据库，分散数据库记录了区块链每次信息交换的输入输出，从而企业主体能够轻松地追踪信息数量变化和交换活动，这就是区块链的可追溯性。区块链的可追溯性为长庆油田的应急预警监控提供了一种保证信息完全真实的方法。这是因为应急预警监控基于 QHSE 平台架构，可以通过区块链存储作业现场事故资料，而这些资料信息可以实时追溯，任何人无法涂改、毁损或隐瞒。长庆油田可借此保证作业现场事故信息的真实性和有效性，提高组织开展应急抢险、救援的工作效率。

(二)"两化"特性将增强应急预警监控的结构稳定性

"两化"是指区块链的去中心化和去信用化。应急预警监控作为 QHSE 一体化监管中安全监测的重要技术抓手，其技术结构的稳定性对于安全监管工作来说尤为重要，而区块链去中心化和去信用化的分散性在一定程度上能够将应急预警监控完全脱离原来的技术范式和非范式这种监管制度框架。这种源于区块链分布式计算系统中链条的每次延伸都是对以往所有历史进度的一个再次确认，使得它和过去变得不太一样。区块链的这项运行机制使得应急预警监控系统中每一条面向作业现场的监控网络都可以被认为是一个独立存在的数字乌托邦，甚至每条应急预警监控网络采集到的数据就是事实，其运行的代码就是制度。这意味着区块链在不断进行信息交换及数据累计的同时使得整个应急预警监控技术结构变得更加全面、更加稳定。这样一来，区块链去中心化和去信用化的特性将直接保障应急预警监控工作的有效执行，促进应急预警监控技术结构的稳固发展。

第二节　人工智能技术应用展望

一、人工智能融合平台效用

由于需求、供应、效率和生产模式的增加，油气行业面临最优管理的问题。长庆油田虽提出了 QHSE 监管信息化整合平台，可还是无法完全实现价值最大化管理目标。清洁、廉价、可靠的能源和更为经济性的管理方式对于企业至关重要，而人工智能的渗透性、协同性、替代性、创新性等特征决定了人工智能将在油气行业的应用越来越多，并发挥重大影响。

(一)渗透性

作为一种兼具通用性、基础性和效能性的数字技术，人工智能具备与油气行业生产运输各环节相互融合的潜能，这种广泛应用于油气行业各环节的特征被定义为通用性技术的渗透性。在智慧油田发展初期，人工智能多应用于简单场景，解决一些抽象概念性的路径问题，但随着技术的进一步发展，人工智能被越来越多地应用于多元化、综合化场景。渗透性特征决定了人工智能具有对 QHSE 监管信息化整合平台产生广泛性、全局性影响的能力和潜力。在可预见的未来，人工智能将更加全面地融入长庆油田的生产运输活动之中。

(二)协同性

在长庆油田的生产领域，人工智能的应用可以提升资源、劳动、技术等要素之间的匹配度，加强长庆油田上游技术研发、中游作业实现、下游风险反馈等各个生产环节之间的协同，从而提高 QHSE 监管信息化整合平台的运行效率；在运输领域，人工智能可以实现对各厂处级单位资源需求的自动算法，完成长庆油田各厂处级单位资源差异性需求与保障性供给的智能匹配，进一步释放运输潜力。总的来说，人工智能的协同性特征体现在对 QHSE 监管信息化整合平台的资源整合运行效率的提升上。

（三）替代性

需要注意的是，人工智能可以在 QHSE 监管信息化整合平台中实现对劳动要素的直接替代。从简单工作到复杂工作，人工智能将持续发挥替代效应，在作为独立要素不断积累的同时，可以对其他资源要素、劳动要素进行替代，其对 QHSE 监管信息化整合平台发展的支撑作用也由此不断强化。

（四）创新性

QHSE 监管信息化整合平台的自动化运行能够实现对一些高强度、高难度的持续性人工劳动进行替代。人工智能之所以能够在平台运行中替代劳动要素，是因为其能够实现对人类脑力工作、创造性活动的替代。当下，人工智能已经被广泛应用于风险识别及事故模拟等作业活动，更是在数字建模、应急救援等领域被广泛赋予分析决策甚至是创造创新的机会，展现出人类历史上从未有过的来自人类头脑之外的创造力量。人工智能的创新性可以生产出"额外"的知识，增加 QHSE 监管信息化整合平台整体智慧总量，从而促进技术进步、提高其运行效率。

综上，长庆油田 QHSE 监管信息化整合平台将是人工智能的应用领域之一。随着油气资源消耗激增，长庆油田对油气生产的智能响应变得至关重要。这就需要大量的人力来处理相关信息，增加了长庆油田的管理成本。面对集质量、健康、安全和环境为一体的监管信息化整合平台，更为经济性、效率性的人工智能完美契合了长庆油田的管理目标。人工智能通过在平台上自动传输和整合信息数据，有助于 QHSE 监管平台快速进行技术分析、评估和控制来自不同作业现场的数据，并能够通过实时检测资源异常消耗，制定适当的解决方案来帮助稳定和监管作业流程。人工智能是世纪技术，具有高度复杂性，但人工智能的特征在 QHSE 监管信息化整合平台中的具体应用具有极高的技术契合度和可行性，故而人工智能技术融入长庆油田智能监管体系将会是未来的一大优化之举。

二、人工智能推进 QHSE 一体化监管

（一）人工智能的预测性是完备 QHSE 一体化监管的重要因素

因油气生产运输的危险性，存在漏洞的设备、管道、车辆、运输路线都会构成相当大的威胁。长庆油田拟在 QHSE 一体化监管平台的基础上建立智慧交通预警系统。但人类无法预测每一次故障，这就需要人工智能的预测性助力智慧交通预警系统，以此保障人车安全管理。人工智能技术的预测性维护是通过智慧交通预警系统的实时视频技术，将各单位现场的设备信息集成，实行一体化监管，进而可以高效识别腐蚀、裂缝、绝缘不足等设备缺陷，使长庆油田最大限度利用设备或机器部件。此外，人工智能预测性分析有助于操作员评估设备的健康状态，实现预防灾难的主动措施，且人工智能技术驱动下的故障检测解决方案经济高效。

（二）人工智能预测性维护是油气资源智慧预警系统的技术支撑

优质的资源管理有助于提高运输效率，降低成本支出。借助人工智能的智能预测机制，智慧交通预警系统可以及时放宽或收回权限，提前为运输需求做好准备，更好地调度资源。在油气资源管理中应用人工智能能够节省资源调度的时间成本，并借助人工智能预测机制获得准确适当的油气调度，以增强油气运输的稳定性。

（三）人工智能技术能够帮助长庆油田实现运输链优化

长庆油田因其产能高、规模大的特点，其运输链复杂冗长，涉及多方单位。在油气运输链中，人工智能技术可以帮助智慧交通预警系统进行自检及自恢复工作，对系统是否正常运行实现快速自检，并及时报告长庆油田各厂处级单位，能够提升关键产品的运输效率，保障供应端稳定。人工智能还有助于长庆油田制定计划和调度、创建智能仓库、维护管道、风险对冲以及缩短运输时间等，从而降低总体费用。

第三节　物联网技术应用展望

一、物联网契合平台运行

物联网的应用早就在能源领域广泛存在。现代工业主要依赖化石燃料的燃烧，这对自然环境和人体健康产生了不利影响。而物联网技术具备全感知、可靠传输、智能处理的特征，能够以更高效、更可靠和更稳健的水平节约能源，这恰恰契合了 QHSE 监管信息化整合平台的管理目标。因此，将物联网技术特征引入长庆油田 QHSE 监管信息化整合平台能够最大限度减少能源浪费，并尽最大努力去减少作业现场对环境的危害，可以有效推动质量、健康、安全、环境一体化目标的实现。

（一）全感知

知觉是物联网的核心。物联网技术具有很强的感知能力。为让物品有知觉，需要在物品上安装不同种类的识别装置，此时装载了物联网技术的 QHSE 监管信息化整合平台同时可通过温湿度传感器、红外线传感器、监控设备等识别设备感知它们的物理属性和个性化特征。通过这类技术，长庆油田可以随时随地获得作业现场信息，实现全方位感知。通过对作业现场全面感知的实现，QHSE 监管信息化整合平台会大大拓宽长庆油田对作业现场认知和感知的广度。QHSE 监管信息化整合平台能够通过这些信息反馈，分析出作业现场存在的潜在隐患以及风险管理水平。

（二）可靠传输

物联网信息传输范围的增大表现在更加广泛的对象范围和更加广泛的空间范围。物联网将使 QHSE 监管信息化整合平台的传输范围变大，不仅能实现系统和系统之间的信息传输，还可实现人和系统之间的数据沟通，使长庆油田能够在较之前更加广阔的范围内实现信息传输活动。不仅如此，物联网也可使长庆油田管理的沟通模式、沟通渠道和沟通效率发生深刻的变革。相比之前长庆油田系统内部的沟通方式而言，现在的沟通将更多依赖于 QHSE 监管信息化整合平台，这将使传统系统中的地域问题和时差问题得以有效避免。

（三）智能处理

将物联网应用于长庆油田 QHSE 监管信息化整合平台，能够实现对各种人员、设备的智能识别、定位、追踪、监测、管理等功能。因此，以 QHSE 监管信息化整合平台为支撑，物联网通过云（海）计算、人工智能等智能计算技术来存储、分析、处理海量数据，并根据不同的应用需求，就能够充分实现对人员和设备的智能调节控制。

综上看来，物联网可在油气生产的所有阶段都扮演重要角色。最初，作业现场的定期检查油气运输系统或检查设备的状态都主要依靠人力。而基于物联网技术的作业现场监控统一视频信息分析平台则更加方便、可靠，提前检测出故障的同时并分析出解决方案。在油气生产过程中，物联网帮助平台跟踪有关生产的重要参数。安装的传感器连接到控制单元，可以控制单元接收传感器数据并将其传输到云数据库中存储，从而提高生产效率。此外，物联网可以将对生产、运输和分配设备进行检查所需的人力投入最小化，减少了劳动力费用的支出。因此，将物联网技术应用于作业现场监控统一视频信息分析平台，可以协助长庆油田最大限度地保障生产安全，提高生产效率并降低管理成本。

二、物联网赋能 QHSE 一体化监管

（一）物联网协同作业现场监控可促进资源效益最大化

物联网的各单位传感器可以实时传回数据信息，帮助平台实时监测能源消耗并进行控制，减少能源浪费和环境污染。在作业现场监控统一视频信息分析平台的基础上加入物联网，可为污染源监控技术提速增效，减少二氧化碳排放量，对环境产生积极影响，实现"五位一体"的全方位监督。

（二）物联网协同在作业现场监控可使自动化与平台并行

物联网因其高效准确的在线监测系统，可代替人力管理作业现场监控统一视

频信息分析平台，降低成本，并在更高水平上提高生产率。在日常工作中，后台管理人员可通过物联网与物理设备的有效连接，实时查看设备运行数据，从而节省成本，提高工作效率。物联网的自动化围绕着各种传感器支持设备，可以通过提供实时解决方案来帮助平台解决日常工作中的挑战。在物联网技术的加成下，仅需一键输入，管理员便可在平台上实现对不同地区大型机器的隔空操作。

第四节　元宇宙概念应用展望

一、元宇宙嵌入平台蓝图

元宇宙是整合多种新技术而产生的新型虚实相融的互联网应用和社会形态。它基于扩展现实技术为人们提供沉浸式体验，以及通过数字孪生技术生成现实世界的镜像。元宇宙的结构可划分为 5 层，自下而上依次是物理层、软件层、数据层、规划层、应用层。物理层是元宇宙的根基，是产生、存储、分析和应用数据的载体，如 5G、VR 等数字化基础设备等。软件层是加工、处理、分析数据的主体，包括云计算、数据库等。数据层包括区块链、物联网和数据中心等，重点解决数据互联互通的问题。规划层是保证数据落地应用，必须建立、构建的一系列监管体系。应用层是元宇宙的最终展现，是基于上述 4 个层级的铺垫，将移动程序、去中心化应用软件等应用于各行各业。元宇宙因其无边界性、永续性、高拟真度等特征，可对长庆油田 QHSE 监管信息化整合平台带来历史性颠覆性变革。

（一）无边界性

作为一个 3D 虚拟空间，元宇宙消除了物理形态的障碍。它是一个无尽的空间，将其应用在长庆油田 QHSE 监管信息化整合平台中可以对同时使用平台人数、同步监管作业类型个数以及纳入厂处级单位系统个数实现无限制操作。另外，无边界性将使得 QHSE 监管信息化整合平台比当前拥有更强的可访问性。因其开源开放的特性，所有安全监管人员都可以根据自身不同安全监管需求在平台中进行创造，平台的使用者亦是平台内的消费者，同时也是创作者。安全监管人员不仅可以共享其他安全监管人员创作的内容，例如虚拟身份，也可以自己进行创作。在元宇宙这种模式下，长庆油田 QHSE 监管信息化整合平台的边界将不断地被拓展。

（二）永续性

元宇宙的永续性体现在两个方面：一是元宇宙不存在"关机"或"重启"等操作。若 QHSE 监管信息化整合平台中搭载元宇宙，管理人员可以随时在世界的任何地方利用装置自由地与平台连接，这能够保证安全监管人员的监管活动连续不间断。这种特性可以模糊掉安全监管人员在进入平台面对实时变换的安全事件时的差异感和顿挫感，使 QHSE 监管信息化整合平台成为与现实世界并行的平行世界。二是元宇宙不会停止或被重置，搭载元宇宙的 QHSE 监管信息化整合平台将以开源开放的方式无期限地持续发展下去，这保证了监管平台内的数据信息实现永续不间断，保障了平台的监管效用。

（三）高拟真度

高拟真度是元宇宙的基本特征。将元宇宙搭载在 QHSE 监管信息化整合平台中，可令现实世界发生的一切管理活动都可以同步在平台中实现。虚拟现实技术、体感技术及交互技术的发展使得安全监管人员可以在元宇宙内有极高的沉浸感。在这个虚拟空间内，安全监管人员可以充分调动感官参与重大事故现场，并随着安全监管人员的需求变换环境、事故条件、设备情况，以此进行事故演练。

综上来看，长庆油田当抓住元宇宙发展机遇，以 QHSE 监管信息化整合平台为基础，加速油田生产数字化转型，推动虚拟现实技术发展。长庆油田应抓住元宇宙带来的变革机遇，在 QHSE 监管平台上加速部署数字技术布局，推动数字化转型；筑牢监管平台的数字安全屏障，提高防范和抵御安全风险能力，为元宇宙的技术引进创造安全环境；提升数字化技能水平，夯实数字化转型人才基础；搭建国际合作交流平台，推动数字孪生技术的落地应用；试点示范，借助 QHSE 监管信息化整合平台，点亮元宇宙"灯塔"工程。

二、元宇宙活化 QHSE 一体化监管

(一)通过元宇宙对视频 AI 预警实现动态实时模拟

在油气生产中，QHSE 一体化监管平台可利用元宇宙技术提前发现设备故障，进行前期维护，避免后期造成的时间损失和风险损失。这样一来作业人员安全得到保证、工作环境得到提升的同时，长庆油田的人力成本减少、效益提高。QHSE 一体化监管平台可利用元宇宙进行安全模拟，提高大型油气钻井平台的安全性。在数字化油田的基础上，QHSE 一体化监管平台可以通过元宇宙技术开展实时模拟并监控生产过程，可实现生产的自动化和最优化。

(二)视频 AI 预警借助元宇宙技术实现无人作业

元宇宙的 5 层模型可涵盖长庆油田 QHSE 一体化监管平台的底层架构、推动各单位之间互联互通和应用层创新，从而促进设备与设备之间的无人交互形式。借助元宇宙概念，长庆油田的设备巡检、设备维护工作将不再需要人力，这将为长庆油田的一体化管理模式带来颠覆性的革命。

(三)元宇宙还能够为 QHSE 一体化监管平台带来能源生态系统的资源可视化和数据安全化

元宇宙将推动形成"全环节、全贯通、全覆盖、全生态、全场景"的能源生产开放服务体系，进一步推动长庆油田 QHSE 一体化监管平台建设，体现长庆油田秉承的生态价值观，为构建"集质量、健康、安全、环境为一体的 QHSE 一体化监管系统"提供概念性技术支撑。

无论是智慧油田还是石油元宇宙，这些都只是元宇宙的初期预告。新赛道不进则退。元宇宙是数字化的终极目标。但仅就数字化而言，目前不少企业仍停留在数字化的初级阶段，甚至部分企业对于数字化还持观望态度。元宇宙初露峥嵘，近两年关于发展元宇宙的"利好"消息不断涌现。例如上海将"元宇宙"纳入"十四五"规划，北京出台系列扶持元宇宙的政策，此外浙江、江苏、海南、武汉、合肥等地纷纷战略布局元宇宙产业。先知先觉者，往往能够乘风而起。长庆

油田必须重视新赛道带来的变革，应拿出更大的勇气，拥抱元宇宙。

小 结

长庆油田 QHSE 监管信息化整合平台是以大数据技术作为构建基础，由数字油田演变而来。长庆油田 QHSE 监管信息化整合平台是时代快速发展下的产物，它改变了传统的油田结构模式，给油田发展提供了更多样化的选择。QHSE 监管信息化整合平台基于其智能优势，在提高油气产量的同时可有效降低油田生产过程中的成本预算。油田生产涉及的内容比较多，这是一个较为复杂的过程，通过大数据技术构建的 QHSE 监管信息化整合平台将这个过程变得科学化、智能化、高效化，为油田的可持续发展提供了强有力的保障。油气行业所创造的经济价值是巨大的，油气也是构成我国主体经济的重要组成部分，所以大数据技术在油气行业的应用是具有战略意义的，数据分析结构可以有效提高油气生产效率。在油气开采过程中涉及的环节比较多，如果任何一个环节出现问题，就容易造成一系列的问题，通过大数据技术的多维度分析，使得油气开采变得高效化，同时也可以进一步提高钻井的安全性。

科学技术的进步总能推动各个行业领域的发展进程，它所带来的改变是巨大的，任何科学技术的应用都是有一定基础的，而大数据技术就是互联网时代下的产物，它作为一种新的数据技术，给长庆油田的生产监管工作带来了更多的可能性，使其拥有了更多的发展空间。大数据技术可以从大量信息中找出监管人员想要的数据，这是人工所不能替代的，基于大数据的发展优势，未来它将有着更加广泛的应用空间。

油气行业属于比较传统和重型的产业，而区块链则是近年来诞生的前沿新兴技术之一。目前，中国正值新旧动能转换之际，区块链和实体经济，尤其是油气这样重要的实体经济行业实现深度融合，将极大推动传统产业升级。区块链与油气行业的碰撞，既是一次对现有传统技术管理模式的迭代升级，也可能是未来打破能源资产"次元壁"的探索之始。区块链技术把整个数据信息交换流程数字化，通过多节点间的共识机制完成技术增信，让大量风险数据不再需要进行繁琐的人工验证和确认，就可以实现从作业区级到集团层面的转移，为油气安全生产监管工作带来了更高效的管理效率。

在智能化、"双碳"目标的新时代背景下，油气生产领域智能化转型发展是避不开的重要战略目标。近来，人工智能技术已逐步应用于石油生产中的沉积储层研究、测井解释、物探处理、钻完井、油藏工程等多个领域，并取得了一定的进展。此外，基于循环神经网络的产量预测、生产措施的智能优化等应用也取得了初步效果。人工智能应用是一项持久攻坚战，不能一蹴而就，需要以点带面，逐渐铺开。在平台上搭载区块链等技术加强油气生产数据治理体系研究，形成全新"智能数据"，构建"平台+数据+模型+应用"AI赋能体系，是长庆油田未来生产运营智能化的大势所趋。

物联网被称为继计算机、互联网之后的第三次世界发展浪潮，在生活中得到了更加广泛的应用。跟随物联网建设的脚步，石油行业的管理技术也在不断提高，将物联网技术融入石油行业中是不可避免的趋势。在长庆油田 QHSE 监管信息化整合平台中搭载物联网技术可以有效支持运营生产、环境保护、安全监管、物流运输等领域。物联网系统的建立可以给集团的生产安全监管带来一个完整的机制，实现更大的功能扩展、资源整合和服务更新。

如果把元宇宙看成一种概念、一种技术，那么长庆油田引入元宇宙技术可以理解成元宇宙概念、技术在现代工业中的应用。长庆油田 QHSE 监管信息化整合平台搭载元宇宙，综合运用三维设计、虚拟现实、增强现实、人工智能、数字孪生、物联网、5G 网络、大数据、云计算等新兴技术，将大幅度提升算力（硬件、软件、算法）、展示力、交互水平、通信流量、速率、数据储量，将推动长庆油田的产业生态发生革命性的改变，进而创造巨大的社会价值，促进安全监管、生产过程和产品应用上升到卓越水平。

2014 年，习近平总书记提出"四个革命、一个合作"能源安全新战略，擘画了能源改革发展的宏伟蓝图。2020 年底召开的中央经济工作会议强调"要深入推动能源革命，加快建设能源强国"，为新时代中国能源高质量发展指明方向。立足当下，习近平总书记所作的二十大报告强调，"深入推进能源革命""确保能源安全"。当前，长庆油田在学习贯彻党的二十大精神的生动实践中把安全生产作为人的生命、经济和社会价值的综合体现。长庆油田旨在进一步认清安全生产工作面临的形势，一如既往地加强安全环保管理，建设完善 QHSE 监管信息化体系，不断加强安全生产基础工作，以强烈的责任感和使命感，做安全发展、清洁发展的实践者，促进安全生产与企业发展的同步提高。长庆油田将努力营造长庆油田技术保障大发展的局面，为国家能源安全发展、科学发展，保障能源持续供应，增进人民福祉做出积极贡献。

展望未来，高质量发展是全面建设社会主义现代化国家的首要任务。必须坚持科技是第一生产力、人才是第一资源、创新是第一动力。长庆油田 QHSE 监管信息化系统整合平台将紧紧围绕科技创新带动企业发展的远景目标，牢牢把握时代背景和国家创新型建设等重大机遇，全面落实相关政策体系，以创新型技术赋能管理为主线，全力以赴创新创造，深入推进高水平改革发展，推动能源安全工作迈上新台阶。

由于时间所限，本篇有诸多不足之处。以安眼平台为代表的技术赋能 QHSE 监管信息化系统整合平台的研究还尚处于起步阶段，相关理论研究将持续开展、不断完善。

参考文献

［1］A new framework for HSE performance measurement and monitoring［J］. Payam Amir-Heidari, Reza Maknoon, Bahram Taheri, Mahdieh Bazyari. Safety Science, 2016.

［2］A systematic review of requirements change management［J］. Shalinka Jayatilleke, Richard Lai. Information and Software Technology, 2018.

［3］Development of web-based system for safety risk early warning in urban metro construction［J］. L. Y. Ding, C. Zhou. Automation in Construction, 2013.

［4］Effect of project characteristics on project performance in construction projects based on structural equation model［J］. KyuMan Cho, TaeHoon Hong, ChangTaek Hyun. Expert Systems With Applications, 2009 (7).

［5］GB 50395-2007, 视频安防监控系统工程设计规范(附条文说明)［S］.

［6］Requirements engineering: A systematic mapping study in agile software development［J］. Karina Curcio, Tiago Navarro, Andreia Malucelli, Sheila Reinehr. The Journal of Systems & Software, 2018.

［7］鲍永华. 产业核心竞争力理论及其实证分析［D］. 西安：长安大学, 2005.

［8］步雪琼. 石油企业非油品业务项目化管理浅析［J］. 今日财富(中国知识产权), 2021(3): 90-91.

［9］曹国亮. 无线安全视频监控系统在油田生产中的应用［J］. 城市建设理论研究(电子版), 2018(17): 172.

［10］曹军. 安全生产管理一体化研究与实践［J］. 电力信息化, 2010, 8(1): 62-66.

［11］曹旭, 王如君, 魏利军, 多英全, 张圣柱, 冯庆善. "工业互联网+油气管道

安全生产"系统架构研究[J].中国安全生产科学技术,2021,17(S1):5-9.

[12]蔡斯斯.基于OKR理论的知识型员工绩效管理优化研究[J].企业改革与管理,2022(15):77-79.

[13]陈迪,邱菡,朱俊虎,王清贤.区块链技术在域间路由安全领域的应用研究[J].软件学报,2020,31(1):208-227.

[14]陈杰,黄凌,曹生荣.城市水务工程建设数字化综合管理平台[J].三峡大学学报(自然科学版),2012,34(4):10-13.

[15]程晶.石油企业QHSE管理体系与内控体系的关系研究[J].石油工业技术监督,2005(11):47-49.

[16]戴小民,李民峰,赵吉会.数字油田:远程监控数据"说话"[N].黑龙江日报,2022-06-04(003).

[17]刁海胜,李冰,朱文涛,梅龙阳,负建宏,谢敏,罗凌燕.基于SCADA系统的中心站产量监控及预警技术研究[C]//第十六届宁夏青年科学家论坛石化专题论坛论文集,2020:95-96.

[18]丁浩,张星臣.石油企业实施HSE管理体系研究[J].中国安全科学学报,2004(10):58-61,3.

[19]董志锋.中国石油海洋工程公司国际化HSE管理研究[D].首都经济贸易大学,2015.

[20]杜民,李娜,申伟平.石油企业管理人员HSE履职能力评估实践[J].油气田环境保护,2021,31(02):57-62.

[21]段文盼.医院智慧后勤综合管理平台的构建与应用[J].现代信息科技,2021,5(23):119-122.

[22]范周.科学对待"元宇宙"[N].社会科学报,2021-12-02(006).

[23]付锁堂,石玉江,丑世龙,马建军.长庆油田数字化转型智能化发展成效与认识[J].石油科技论坛,2020,39(5):9-15.

[24]裴润有,周生来,毛升好,梁鹏.油气田建设工程质量监督管理的实践与思考[J].石油工业技术监督,2015,31(8):1-3.

[25]龚敬艳.强化QHSE体系,加强石油企业安全管理的具体措施[J].中小企业管理与科技(上旬刊),2019(2):158-159.

［26］苟晓涛，刘克祥，杨欢军，杨静．长庆油田质量安全环保巡查实践［J］．油气田环境保护，2022，32（1）：59-62.

［27］顾基发．系统工程新发展——体系［J］．科技导报，2018，36（20）：10-19.

［28］顾俊峰，朱耀军，李继康，王尊超，马建勇．油气生产轻量级报表解决方案的设计与实现［J］．信息系统工程，2014（10）：106-107，130.

［29］何沙，卜芯，姬荣斌．试析中国国际石油合作应急管理委员会的构建依据［J］．科技管理研究，2014，34（2）：237-241.

［30］侯伟平．加强石油企业承包商 HSE 管理体系建设的探讨［J］．全面腐蚀控制，2021，35（2）：44-45.

［31］黄弟生，冯舒扬，叶华艺．关于一体化作业标准体系在安全生产领域的深化应用研究［J］．企业改革与管理，2016（11）：16-17.

［32］胡蓉．基于区块链的网站信息安全防护方法分析［J］．科学与信息化，2020（27）：55.

［33］惠宁，吴立，罗开军，张勃．长庆油田国内合作项目内控信息化建设研究［J］．中国石油企业，2022（7）：68-71.

［34］姜耀俭，范慎荣．关于石油管道企业 HSE 管理体系、环境管理体系和职业安全健康管理体系的整合探讨和建议［J］．中国安全科学学报，2002（4）：4-7，1.

［35］焦旭升，刘强．油田地面改造工程中的安全监理［J］．油气田地面工程，2009，28（12）：68-69.

［36］姬蕊，王琦，冯宇，林罡，何毅．长庆老油田数字化升级改造浅谈［J］．石油规划设计，2012，23（5）：47-49.

［37］金澈清，钱卫宁，周敏奇，周傲英．数据管理系统评测基准：从传统数据库到新兴大数据［J］．计算机学报，2015，38（1）：18-34.

［38］梁吉业，冯晨娇，宋鹏．大数据相关分析综述［J］．计算机学报，2016，39（1）：1-18.

［39］李晨，肖逸军，杨云杰．油气田生产数字化转型理论与实践［J］．化工管理，2022（20）：57-60.

［40］李冰怡．基于功能共振分析方法的我国近年特大事故致因分析［D］．北京：

中国地质大学(北京),2019.

[41]李剑颖,吴顺成.HSE 信息系统在中国石油 HSE 管理中的应用[J].安全与环境工程,2013,20(3):107-110.

[42]栗倩玮,周明川.长庆油田升级"最强大脑"打造"数智油田"[N].中国石油报,2022-11-02(002).

[43]李珏.大数据背景下石油企业档案管理业务提升策略[J].办公室业务,2022(1):118-119.

[44]李卓超,刘威栋,陈勇.浅析石油运输企业应急业务管理模式[J].当代化工研究,2022(12):183-185.

[45]廖凯,蒋世金,孟伟,乔川.油气田建设项目 HSE"三同时"管理模式优化[J].油气田环境保护,2021,31(3):59-62.

[46]刘国愈,雷玲.海因里希事故致因理论与安全思想因素分析[J].安全与环境工程,2013,20(1):138-142.

[47]刘景凯.中国石油集团 HSE 管理体系基层运行模式的管理实践[J].中国安全生产科学技术,2007(1):111-115.

[48]刘景凯.石油企业 HSE 管理文化建设实践[J].中国安全生产科学技术,2009,5(5):188-191.

[49]刘永,宁玉富.基于物联网的实验室智能化综合管理平台设计[J].网络安全技术与应用,2022(1):88-90.

[50]刘胜利,彭博,曾文珺,张延.智慧能源站一体化监控平台研究与应用[J].电工技术,2022(16):127-129.

[51]刘欣江.大庆采油十厂 QHSE 风险信息系统的设计与实现[D].成都:电子科技大学,2015.

[52]林幼槐,陈安国,梁志大,湖北电信工程有限公司.信息通信网络建设安全管理概要[M].北京:人民邮电出版社,2012:278.

[53]龙雄云,崔建军,史博,关克明,陈康林,赵莉,武天纳.提高油田地面工艺系统数字化程度配套技术[C]//石化产业创新·绿色·可持续发展——第八届宁夏青年科学家论坛石化专题论坛论文集,2012:67-70.

[54]卢继平,俞克东,蒲新辉,尤晓东.长庆油田采油一厂井下作业监督管理的

探索与实践[J]. 石油工业技术监督, 2012, 28(1): 9-12.

[55] 罗晓慧. 人工智能背后的机器学习[J]. 电子世界, 2019(14).

[56] 马立乾. 基于统计过程控制的质量信息管理系统的研究与实现[D]. 北京: 北京工业大学, 2018.

[57] 马源. 油井远程监控技术在油田自动化系统中的应用[J]. 中国设备工程, 2022(16): 154-156.

[58] 钱卫宁, 邵奇峰, 朱燕超等. 区块链与可信数据管理: 问题与方法[J]. 软件学报, 2018, 29(1): 150-159.

[59] 钱学森. 创建系统学[M]. 山西: 山西科学技术出版社, 2001.

[60] 任磊, 杜一, 马帅, 张小龙, 戴国忠. 大数据可视分析综述[J]. 软件学报, 2014, 25(9): 1909-1936.

[61] 容涛. 延长油气田勘探开发信息化建设研究[D]. 西安: 西安石油大学, 2013.

[62] 邵洪伟. 石油工程监督信息化的实践研究[J]. 石化技术, 2016, 23(10): 285.

[63] 申雅杰. 产业核心竞争力理论研究及实证分析[D]. 南昌: 江西师范大学, 2012.

[64] 孙振民. 石油化工企业加强危化品安全管理的策略研究[J]. 石化技术, 2022, 29(10): 169-171.

[65] 谭科峰. 石油化工建设项目 HSE"三同时"管理实务[J]. 山东化工, 2021, 50(9): 154-155, 158.

[66] 唐青. 油田公司生产视频监控系统设计、实现及管理[C]//. 2016 智能城市与信息化建设国际学术交流研讨会论文集 I., 2016: 336-337, 339.

[67] 王庚. 浅谈 QHSE 管理体系在海洋石油工程项目中的应用情况[J]. 中小企业管理与科技(下旬刊), 2021(6): 24-25.

[68] 王兰, 陆春吉. 物联网行业现状和发展前景的分析[J]. 通讯世界, 2017(2): 25-26. [2017-08-31].

[69] 王通, 朱士虎. 图像处理在石油安全储存监控方面的应用[J]. 电子技术与软件工程, 2021(12): 130-131.

[70]王岩，高建波，张传锦，赵璨，李洪超，裴德明. 生产现场远程监控方法与系统[J]. 现代制造工程，2020(1)：113-117，57.

[71]文虎成. 石油工程监督在勘探开发建设中的作用[J]. 环球市场信息导报，2015(23)：58，106.

[72]吴小芳. 物联网与大数据的新思考[J]. 通讯世界，2017(1)：1-2[2017-08-31].

[73]谢雪，吕品. 反馈控制理论在安全隐患管理中的应用[J]. 安全生产与监督，2009(3)：42-43.

[74]徐彦华. 企业安全管理研究[D]. 西南石油学院，2004.

[75]薛岗，王立宁，胡建国，郑欣，蒋瑛，卢鹏飞，赵一农. 长庆气田无人值守技术及攻关方向浅析[J]. 内蒙古石油化工，2020，46(7)：92-96.

[76]杨建，崔会肖. 危险作业管理监控系统总体需求方案研究[J]. 中国高新科技，2020(14)：88-89.

[77]阳文锐，何永. 基于共轭生态理论的低碳城市规划策略[C]//2010 城市发展与规划国际大会论文集，2010：271-278.

[78]尹科，王如松，姚亮，等. 基于复合生态功能的城市土地共轭生态管理[J]. 生态学报，2014，34(1)：210-215.

[79]尹科，王如松，姚亮，等. 基于复合生态功能的城市土地共轭生态管理[C]//第一届生态智慧与可持续发展国际研讨会论文集，2014：210-215.

[80]于景元. 系统科学和系统工程的发展与应用[J]. 科学决策，2017(12)：1-18.

[81]喻言. 统计过程控制理论的应用分析[J]. 技术与市场，2016，23(12)：240.

[82]于志军，贾海平，张清龙，等. 连续管作业综合管理系统开发与应用[J]. 石油机械，2021，49(4)：96-102.

[83]王华，贾亚. 关于系统综合理论的学习指导[J]. 高等函授学报(自然科学版)，1997(2).

[84]张俊杰，李江峰. 海洋石油企业 QHSE 体系运行中的问题与对策分析[J]. 中国石油和化工标准与质量，2019，39(23)：66-67.

[85]张南南，曹永柱．系统工程理论与方法技术及其在管理实践中的应用研究[J]．低碳世界，2018(03)：332-333．

[86]张海军．推动石油企业 QHSE 管理体系有效运行的对策探讨[J]．中国管理信息化，2020，23(8)：137-138．

[87]章洪波，冯惠新．基于区块链的网站信息安全防护方法[J]．电脑与信息技术，2020，28(4)：57-60

[88]张健威，熊运实，郭璐．关于加强 QHSE 管理体系审核工作的思考与建议[J]．油气田环境保护，2020，30(4)：1-3，74．

[89]张梦伟．基于网格化管理的化工企业安全管理模式构建研究[D]．合肥：安徽理工大学，2020．

[90]张军霞．华北油田公司信息化建设研究[D]．石家庄：河北大学，2015．

[91]覃容，彭冬芝．事故致因理论探讨[J]．华北科技学院学报，2005(03)：1-10．

[92]张学忠，向晓，张国兵，杨凯程，权骋，黄万国．数智化录井技术在长庆油田苏南区块的研发应用[J]．录井工程，2022，33(3)：1-6．

[93]赵丹，黄晓春，付力平，等．基于共轭生态理论的北京国土空间生态修复规划策略研究[J]．城市发展研究，2022，29(5)：21-27．

[94]赵丽丽．ZB 公司基于 OKR 的绩效管理优化研究[D]．广州：广东工业大学，2022．

[95]赵展宁．对青海油田内控体系与 QHSE 管理体系融合的探索[J]．企业改革与管理，2016(7)：25，54．

[96]赵腾，张焰，张东霞．智能配电网大数据应用技术与前景分析[J]．电网技术，2014，38(12)：3305-3312．

[97]赵振宇．石油化工企业安防视频监控系统的建立[J]．化工管理，2022(17)：86-88．

[98]郑贤斌，成素凡．基于风险的石油企业 HSE 管理绩效考核体系应用研究[J]．石油和化工设备，2022，25(2)：152-154．

[99]朱霞，张璇．自然与城市的共融——共轭生态理论视角下的涟源政务中心规划[J]．华中建筑，2014(1)：61-64．

[100]朱益飞，高维衣，迟述梅，池海凤．油田开发质量监督管理模式的创新与实践[J]．石油工业技术监督，2017，33(02)：18-21.

[101]朱永利，尹金良．人工智能在电力系统中的应用研究与实践综述[J]．发电技术，2018(2).

[102]周劲，魏东，袁银江，张平，刘科，龙蓓蓓．QHSE体系审核数据分析与预警机制的建立[J]．石油与天然气化工，2022，51(05)：139-144.

[103]周玲，王新宏，郎玉琴，许小勤．油气田企业综合管理体系融合与实施[J]．中国石油企业，2021(10)：81-83.

[104]周运．质量、健康、安全、环保(QHSE)信息系统架构设计研究[D]．成都：西南石油学院，2005.

[105]邹碧海，刘春，刘晋，游静，马爱霞，陈坤，王文和，方丰，鲁宁，段玉龙，巫尚蔚，胡宪君，王力，李雯雯．安全学原理[M]．成都：西南交通大学出版社，2019：287.